わたしの旅ブックス
012

東欧 好きなモノを 追いかけて

久保よしみ
チャルカ

JN127763

産業編集センター

ロシア連邦
ウクライナ

❂ 東欧MAP ❂

チェコやハンガリーはヨーロッパの真ん中に位置する中欧ですが、懐かしい雰囲気への親しみを込めて、チャルカでは東欧と呼ばせてもらっています。

はじめに

こんにちは。大阪の中心部にほど近い谷町にある雑貨店「チャルカ」の店主、久保よしみと言います。ドイツ、チェコ、ハンガリー、ルーマニアなどの旧東欧の国々を旅して、心惹かれた雑貨を持ち帰って店に並べるのが仕事です。1年のうち約2ヶ月間は雑貨探しで旅先となるペースを、もう20年続けています。

雑貨とはよく言ったもので、チャルカにあるのは雑多なものばかり。日々の暮らしや生きていくのに必要なものは1つもありません。例えば今店にあるのは、ボタンやビーズや布、ホーローの缶、皿にカップ、花瓶、壷とピッチャーがたくさん、鳥のおきもの、ぬいぐるみ、ノートやハンコ。このあたりはまだいいとして、分銅、錆びたジョウロ、ドイツの誰かの70年前のラブレター（多分）、ハンガリーのチケットやチェコの伝票、おもちゃの紙幣、使いさしのキャンドルとか、ほとんどが古いものでゴミと紙一重のものもたくさんありまして……そうなんです！　アンティークショップになりきれないガラクタだらけの古物屋を営んでいます。

アイテムとしてはこんな品揃えで、さてそれはどんなテイストかと問われると、人に伝えるのがとっても難しい。可愛いでもないし、懐かしいでもなく、わたしなりのチャルカのものを選ぶものさしがあるけど、うまく説明できません。だから今だに自分でチェコやハンガリーを旅をしながら、雑貨を探しまわっています。

買いつけの旅は、移動手段や宿、行きたい店や場所の基本部分はネットで調べますが頼り過ぎないようにして、さぁ、その先が腕の見せどころ。直感アンテナを張って自分に問いかけながら歩きます。出会った人に尋ね、教えてもらいながら進んだかと思えば引き返す。なにせうまく説明できないものを探しているので、すんなりとはいかなくて寄り道が多いのは当たりまえ。仕掛けがいっぱいある大人用の人生ゲームのようなイメージです。でもそれはゲームではなくて、わたしの実体験。これが普通と思っていた枠なんて軽く越えて、いろんなことが起こります。

この本は、チャルカの買いつけ仕事としてのお話と、私的な気持ちよりのお話を織り交ぜて過去20年分のノート（P.40参照）を見返しながら日記のように綴りました。読むと東欧の国々の風景や、会ったことはないけどそんな人がいるんだなぁと浮かんでくるでしょう。チェコやハンガリーの雑貨に興味を持たれる方もいらっしゃるかもしれません。パラッと開いたページを読んで、東欧を旅している感じを楽しんでもらえるとうれしいです。

普段いる場所を離れてどこかへ出かけて行き、また帰ってくる。旅には人それぞれのそのタイミングの物語が生まれるように思います。実際に出かける旅でも、心の中や想像の旅でも、どんな方法でもいいのです。この本とともに旅をしてみてください。

東欧　好きなモノを　追いかけて―目次

第1章

東欧に出会う・旅を仕事にする

チャルカ　ラブズ　東欧

最初のチェコとハンガリー

1999年9月13日、チャルカは東欧を旅する雑貨店としてコロンと一歩を踏みだした。店のロゴマークは車輪。ヒンディー語でまわるものを意味する。

ちょっとさかのぼって店をはじめる前の話をしたい。少しまとまった休みがとれるとなると、旅好きの友人、藤山《とうやま》と2人であちこちへ行った。フランスやイギリス、香港やネパール。別行動でヨーロッパ一周やインド、オーストラリア、アメリカ、カナダ、他色々。旅先で惹かれたものを買い集め、日本に持ち帰ってはフリーマーケットで売る。お店屋さんごっこをしているうちにどんどんのめり込んでいって、好きなものに出会うために旅に出るようになった。これは楽しいし自分たちに向いている。よし！　前しか見ていない2人は、旅ともの探しを仕事にすることにした。

ある日曜日の朝日新聞の天声人語。マハトマ・ガンジー氏のことが書いてあった。この中にチャルカと言う言葉が出てくる。糸紡ぎのことで、まわるもの、人生のような意味もあるらしい。まわりから冗談まじりに、止まったら死ぬんじゃないかと言われていた藤山とわたしにはピッタリの言葉だ。おまけに響きも可愛い。以来、チャルカと名乗らせていただいている。

そんなはじまりだったから、オープン当時のチャルカにはそれまでに旅をした国のいろんなものが並んでいて、まさに雑貨店だった。どこへ行っても好きなものは一緒で、文房具、食器や調理道具、布、ネジや釘やバケツ、変なおきもの。おみやげ品や特別なものではなく、生活の中で使われているものに興味を持つ。また、オリジナルという言葉に憧れて、チャルカオリジナル商品なるものも次々とつくった。日本の昔懐かしい包装紙を封筒にしたり、旅先で撮った写真をポストカードにしたり。花好きゆえに生花もおくし、15席の喫茶スペースもあった。意味のなさそうなものも好きだったりして、石ころとか棒切れとか、拾ってきたものも売るともなく飾っていたので、値段を聞かれて困ったものだ。こんなふうに、一風変わった本気の趣味の店チャルカが転がりはじめる。

オープンしてすぐに、旅した国の持ち帰り品が底をついてきた。売るものがなくなってきたから仕入れの旅に行こうとなり、ではどこへ？　まだ行ったことがないという理由で、候補はチェコとブータン。ブータンは渡航手続きが必要なのでチェコに決めた。はじめてのチェコはどんなだろう？　知らない場所へ行くというなんとも言えない期待感と、今いる場所を離れる開放感を味わいながら、気軽に身軽に出発。オープン2ヶ月後の11月半ば、仕入れを意識した旅に出た。

1999年当時のチェコはまだEUに入っていなかったので、西ヨーロッパに対して東ヨーロッパと呼ばれていた。2004年にチェコもハンガリーもEU加盟。東ヨーロッパはもっと東の国々のことを指すようになる。だから正しくは、チェコもスロヴァキアも、ハンガリーもポーランドも中央ヨーロッパになる。わかったうえで、2000年代はじめのまだ子どもだったチャルカが東欧で感じた親しみや驚き、訪れる度にもらっていた温かさを大切にしたく、今だに東欧と呼ばせてもらっている。

チェコに行くと決めたものの飛行機の直行便はなく、ルフトハンザでフランクフルトに行き、数日遊んでからチェコのプラハへ行くことにした。2週間ほどの予定だった。フランクフルトでは外国人が多いのに驚き、安宿に泊まったからか、ドイツに来た感じがあまりしなかった。インド料理とトルコ料理ばかり食べた気がする。週末は蚤の市に行ったけど普通。電車の中で出会った女の子から、蚤の市ならベルリンへ行かなくちゃと教えてもらった。彼女はパリにもロンドンにも行ったことがあるらしいが、蚤の市なら断然ベルリンがおすすめと言い切った。このときに「蚤の市天国ベルリン」がインプットされ、次回の目標になる。

さて、はじめて行ったチェコは散々。寒いし薄暗いし、街の雰囲気も天気も気分もどんより。旧市街にタクシーは入れないからと宿のはるか手前で降ろされ、石畳にスーツケースのコロを取られながら安宿へ。建物が見えているのに遠い。宿にはエレベーターなんてなくて、狭い階段とトンネルみたいな通路を抜けてずいぶん上の階まで荷物を運ぶ。ほっとしたところで何か食べに出かけよう、はじめての国で1食目は大事だと、フロントで地図をもらいおすすめのレストランに丸をつけてもらった。言葉はチェコ語、英語は通じない。教えてくれた店はレストランではなくてビアホール、と言うか、ビールだけを出す店。たくさんの人で賑わっているけど、みんなビールを飲んでいる。わたしたちはお腹が空いているし寒いから温かいものが食べたい。あまりの残念さに泣きそうな顔をしていたのだろう。「ビールは冷たいから温かい食べもの、例えばお茶のような」と英語で言うと、「英語わかるぜ！　俺」って顔をしたおっちゃんが、店の人に伝えてくれた。ビール以外に何かあるのかなと待っていると、紅茶が運ばれてきた。それを見たおっちゃんの最大級のウィンク顔は可愛くて、おおげさなぐらい何度もお礼を言った。確かにお茶って言ったけど、お腹がグーグー。プラハの1日目はひもじかった。

小雨の2日目。いっそのこと雪が降ればあきらめがつくのにうらめしや。プラハの雰囲気をつかもうと宿を出ると、青果市が立っていてうれしくなる。バナナとリンゴで朝ご飯。ツーリストインフォメーションセンターが開くのを待って駆け込む。スーパーと古本屋とアンティークショップは教えてくれたけど、文房具を買いたいと言うと、どこかにあるでしょうと言われた。知っている店は教えてくれるけど、調べてはくれない。教えてもらった店はどれもパッとしないし、そんな具合でエンジンかからず。雨で濁ったヴルタヴァ川でガラガラのボートレストランに入ってしまい、これじゃあかん、どうするとなった。チェコを出て近隣の他の国へ行くことにする。

3日目、朝から旅行社へ。お隣の国のスロヴァキアもポーランドもビザがいるから、飛行機でハンガリーへ行くのが良いとすすめられる。その場でチケットを買って夕方にはブダペストへ。ネットカフェがまだあまりない時代、何の予備知識もガイドブックもないまま行ったブダペスト。どこに泊まったのか忘れてしまったけど、宿の食堂にあった使い込まれた業務用食器を欲しいなと思ったのを覚えている。

ブダペストでもまずはインフォメーションセンターへ。地図をもらっておすすめの店に印をつけてもらった。教えてもらった文房具屋にあったノートが気に入り、あるだけ全部買ったので、藤山のスーツケースの中はノートでいっぱい。このころのわたしはまだバックパックで旅をしていたので、あまり運べなくて、次はスーツケースを買って大人の旅をしようと思った。

ハンガリーでもやっぱり雨が降っていて寒かったけど、ノートのおかげで良い印象となる。もっと見たいけど日にちが足りず、また来るから待っててねと、チケットの都合でチェコに戻り、ドイツ→日本と帰国。持ち帰ったハンガリーのノートを店に並べると評判が良くて、またハンガリーへ行きたい熱がしばらくお腹の中にくすぶっていた。これがチャルカと東欧の最初の出会い。

大阪には大阪大学外国語学部があり、日本でハンガリー語が学べる数少ない大学の1つだ。チャルカって名前の店があって、ハンガリーのノートを売っているらしい。そんな噂を聞きつけてバイト募集に応募してきた女の子がいる。ハンガリー留学経験のある彼女が加わり、くすぶっていた熱に火がついた。いろいろ教えてもらい、ハンガリーをメインにした仕入れの旅に行くようになる。交換留学生として奈良や大阪の大学に通うハンガリー人も何人かいて、彼らがチャルカに遊びにくる。ハンガリーわっしょいみたいな空気で、ハンガリー熱は盛り上がるばかり。

チェコへの興味は失せたままだったあるとき、いい状態でもう一度じっくりチェコに行ってみようという気になった。なぜそんなふうに思い立ったのか覚えていない。1回目の旅では出会えなかったけど、ハンガリーとは違うなにかがありそうな空気を感じていたのだと思う。

2度目にチェコに行ったのは2001年のこと。プラハ以外の町も含めて、時間をかけてまわった。この旅は見ることを目的にしたのでバックパック。やっぱりリュックは身軽でいい。列車に乗って、降りてを繰り返し、同じチェコ内でも地方によってずいぶん違うことや、チェコならではの好きなものもたくさん見つけた。好意の気持ちで見はじめると、知り合いや手伝ってくれる人に繋がっていく。お家に招かれたり、そこでご飯をいただいたりして、チェコと仲良くなっていった。

2004年にチェコとスロヴァキアとポーランドがEUに入り、ハンガリーも含めてこれらの国に日本人はビザなしで行けるようになる。もともと陸続き。朝にブダペストから国際列車に乗れば、お昼にはスロヴァキアのブラティスラヴァに着き、夕方にはプラハに到着。なんだったらドイツのベルリンまで移動できる。国際列車には食堂車がある。ハンガリー発の列車は国際感がなくてお茶の間みたいなゆるい空気。テーブルには赤いクロスに白のケミカルレース、造花のバラが飾ってあってなんだかアジアっぽい。サービスの人がやけに人懐っこいし、美味しいかと言うとそれは別だけど、日記を書いたりガイドブックを見たりしながらの列車の時間を楽しむ旅をするようになった。

国境で列車が止まり、検察官が乗り込んできてパスポートチェック。出国入国のスタンプを押してくれる。これも旅感があってうれしい。夜行列車は時間と宿代を節約できるところがいい。こうして蚤の市天国のベルリン↓プラハ↓ブダペストを行き来する旅がチャルカの定番になった。今はもうパスポートチェックはなくなり、国が変わったのに気づかないこともあるぐらいスルスルと移動できる。旅の楽しみが1つ減ったけど便利な時代になった。

東欧を旅する理由を聞かれることがある。一口に東欧と言ってもチェコもハンガリーもルーマニアもまったく違う。人種も言葉も違うし、その国らしいと思うポイントも違う。旧東ドイツだったと言うことでベルリンも含めて、どこが好きなのかを何度も考えてみたけど、短い言葉では説明できない。

チャルカの旅は店の商品の仕入れの旅で、買いつけだ。買いつけると言う言葉を使っているけど、気持ち的には買い出しとか集めに行くような感覚が近い。「つける」のイメージは、どこかに出向いて行って、準備よく整えられたものの中からさらに選び出すような感じがする。組織力＋センスで大きく仕入れる絵が浮かんでくる。買い出しは、散らばっているものを集めてくるというか、探すことからはじまる。あの辺に行ったらあるらしいとか、聞き込みと勘を働かせ、自分力＋運で探しているものへと辿り着く。その道のりには、出会いの期待と不安が混じって落ちていて、そんな不確かさも魅力なのかもしれない。

ポーランド、ブルガリア、スロヴァキア、クロアチア、セルビアなどにも行ったけど、どうしようもなく惹かれるものがあるのは、旧東ドイツエリア、チェコ、ハンガリー、ルーマニア。そんなことも織り交ぜながら、旅のエピソードを綴らせていただこう。

わらしべ切手商

ガラクタ好き、古いもの好き、蚤の市好きのチャルカ。はじめて旅したドイツでのこと。思えば、フランクフルトの電車の中で、前に座っていた女の子が言ったひと言が決め手だった。「蚤の市が好きならベルリンがおすすめよ」。キラリン、なんですって！　今回の旅では行けないけど次回は必ずと心に太文字で「ベルリン」と書き留めた。

半年後の仕入れの旅でさっそくベルリンへ。まずはイベント情報紙を手に入れて週末の蚤の市をチェック。困った、えらいことだ。土日2日間ではまわりきれないほどたくさんの市がある。どの市に行くべき？　よく見ていると、フローマルクト＝蚤の市と、クンスト&トローデルマルクト＝美術品や道具系の骨董市とがある。さらに古着、子供服、本、切手や鉄道模型などのコレクタブルものと言ったふうに、市のメインアイテムが書いてあるものもある。なんてわかりやすい。興味の対象、開催時間、市が開催されるエリア、駅から近いか、効率の良い順番なんかを考えていると、もう楽しみすぎて遠足の前の日状態。

でもめいっぱい動き回った1日の後だから、ペンを握ったまま雑誌につっぷして落ちるように寝た。

　土曜日、6時起床。グーテンモルゲン。朝一番早くからやっているクロイツベルグエリアの蚤の市へ。クロイツベルグはベルリン市内の南東で、トルコ人が多く住むエリアだ。掃除や引っ越しなど片づけ仕事を請け負うトルコの人たち。片づけながら出てきたガラクタ的なものを蚤の市で売っている。テントと机をおいて見やすく商品を広げるような市ではなく、家から運び出したダンボール箱をそのまま並べて店としている。食器の箱、布ものの箱、道具系の箱、おもちゃの箱と言った具合になんとなく分類してあるけど、ポットと蓋が別の箱に入っていたり、服の上下があっちとこっちにあったりして、そこは自分で探し出さないといけない。この掘り出す感じが楽しい、けど時間がかかる、けどめっちゃ楽しい。そしてとってもお安い。ダンボール箱の中のものはどれでも1個1ユーロ。可愛いカップがあればぜひともソーサーも探し出さなくては。おそろいのミルクピッチャーも出てきたら、にっこり笑って「アイン　ユーロ　ビッテ（1ユーロでお願い）」と言ってみる。店主のおっちゃんの機嫌が良ければ持ってけとなるし、2ユーロになることもある。クロイッツベルグの蚤の市はこんな感じだった。

ある年のこと、この旅でも土曜日の朝一番にクロイッツベルグの市へ。ダンボールの列の中に数冊の切手帳があるではないか。手に取ってみると使用済みの切手がバラバラと出てきて、箱の中でごちゃごちゃになっている。切手は収集家がいるコレクタブルアイテムのひとつで、切手カタログが存在し、価値を調べることができる。確かカタログでは、赤い切手帳からはみだしているあのグリム童話シリーズの切手4枚で1ユーロだ。赤い切手帳には他にもたくさんの切手が入っている。これを手にして、軽い気持ちでおっちゃんに聞いてみた。「いくら?」返事は「アイン　ユーロ（1ユーロ）」えっ、切手帳とグリム童話切手と他にもいっぱい入ってる切手全部で？　との心の声を飲み込んで、ふうんって感じで1ユーロを渡したら、おっちゃんはあっさりと受け取った。結局、ダンボール箱の中の切手帳を全部売ってもらった。17冊、しめて17ユーロ。とってもいい仕入れができたのだった。

次の旅では、1ユーロのおっちゃんはクロイツベルグの市にはいなくて、もうちょっといいものが集まるショーネベルグの市にいて、お値段も上がっていた。その次の旅では、また別の市に店を出していて、切手はカタログを調べながらバラ売り。3年も経つとベルリンで一番大きくて、お値段も高いけどいいものが揃っている6月17日通りの市に出店していた。もちろん切手はそれなりのお値段で、アルバイトの人が2、3人いる。貫禄がついていていて心なしか大きく見えるおちゃん、私を見つけて手招きした。「コーヒーでも飲むか？」「飲む、飲む」とわたし。「日本のお前のビジネスはどうだ？」とおっちゃん。「相変わらず、ぼちぼち」とわたし。アルバイトくんが買ってきてくれたコーヒーを飲みながら、しげしげとおっちゃんを見た。胸元に金のぶっといネックレスが覗いている。おっちゃん、わかりやすくていい。

ベルリンとドレスデン

ドイツの首都はフランクフルトでもないしミュンヘンでもなくて、ベルリン。一国の首都なのにあまりいそがしそうな感じがしないのがいい。移住者や外国人が多く住んでいて、ふらっと行っても自分もそのまま住めそうな気がする。きちんとしている部分とゆるい部分のメリハリ感覚が近いのかも。なんだろう？　この緊張感のなさは。

ベルリンは東西ドイツが統一されるまでは旧東ドイツの首都で、西ベルリンを囲むようにつくられて東西を分断していた壁が残っている。セレクトショップや個性的なオーナー色のある店は東ドイツエリアのミッテ地区に多く、泊まるのも散策して買いものをするのも断然この辺り。蚤の市も旧東ドイツエリアのほうにたくさんあり、それぞれ特徴があっておもしろい。美術館や有名な百貨店、ブランデンブルグ門などの観光名所にもひと通り行ったけど、興味を持ったのはもっと生活感のあるもの。徹底したリサイクルや、列車に自転車スペースがあったり、自転車が車みたいにビュンビュン走っていたり、大型犬が多いとか、公園でほぼ裸で寝転がっている人がいたり、週末はあちこちでデモがあったり。ルールと自由のバランスが大人なように感じる。

ベルリンに行きはじめたころは、よくユースホステルに泊まっていた。選ぶポイントは、コインランドリーがあり、郵便局が近いこと。宿の近くの駅の高架下にあるソーセージ屋が朝の6時半から開いていて、たっぷりの油で揚げるように焼いたソーセージにケチャップとカレー粉をかけて食べさせてくれる。いつも行列ができていて、持ち込みのタッパーウェアに10人分ぐらいを山盛り入れてもらっているのを見て、たくさんの手が伸びてきてあっと言う間になくなる様子を想像し、これがベルリン名物カレー・ブルストかと納得。見ると無性に食べたくなり、通りがかりに何度かフライドポテトと一緒に買ったものだ。もうひとつ、早くて安くてうまい、肉も野菜も食べられるケバブもよく食べる。1人の長旅ではそうそうレストランに行くわけでもなく、若者や地元の人が普段使いしているスタンドやテイクアウトの店を利用する。食事は大切。そこの食べものを美味しいと思えば気力が一段上がる。気持ちに余裕が生まれる、国の印象が変わることもある。

そう言えば春のホワイトアスパラガスの美味しさを知ったのはベルリンでだった。ホワイトアスパラガスと茹でジャガイモ、シュニッツエルは春の定番メニュー。これを食べることを春の旅の楽しみにしている。初夏の公園で満開の菩提樹の花を見て、あまりのいい香りと佇まいの優しさに心を奪われ、しばらく木の下で昼寝をしたことがある。まだ木の名前を知らなくて、通りすがりの人に尋ねると「リンデン、花のお茶を飲むとよく寝れる」と教えてもらい、買ってみたけどお味は薬みたいだった。

2度目に行ったベルリンで国際列車のことを知り、ベルリンとチェコのプラハ、ときにはハンガリーのブダペストまで国際列車で移動するようになる。ベルリンから列車で約2時間、途中の街のドレスデンで降りて2〜3日過ごすこともある。ドレスデンは美しい街で、その中心に大きくカーブを描きながらエルベ川が流れ、ザクセン時代の城やオペラハウスや美術館、聖母教会がある。重々しい古典建築や大きな石像が並ぶ建物に地震の心配をしながら目を見張り（ドイツに地震はほとんどない）、教会を再建する市民の話に感動した。

ドレスデンはクリスマスマーケットとシュトーレンの発祥の地で、11月末になると大きなクリスマス市が立つ。歯を剥き出しにした巨大なくるみ割り人形の兵隊が広場に現れ、ホットワインが待ち遠しくなる。アルトマルクト広場のクリスマス市はドイツ最古の市で、580回を越える。キャンドルピラミッドと、生木のさわやかな香りを放つ大きな大きな樅の木のツリーは、何度見ても大人も子どももワクワクする。わたしが好きなのは、棒に繋がれた本物のロバがまわすシュールなメリーゴーランドや、ドライプルーンを串に刺した煙突掃除人、昔ながらの藍染めの生地、広場の角の窯で焼かれているその年のベスト・シュトーレン。石釜で焼くパンや、薪ストーブで温めたスープを売っている店もある。店の人はひと昔前の農民の服装と思われる袋のような服を着て腰を麻綱で縛っている。タイムスリップしたかのようなあまりに自然な似合いっぷりにさすがと思い、歴史を感じる。古着好きとしてはうらやましくて、一度かぶらせてもらったことがあるが、ただの袋にしか見えなくて、ドイツ人に大ウケされたうえに記念撮影を迫られた。

ドレスデンは、週末になるとエルベ川添いに大きな蚤の市が立つ。ここで出会った人が、ライプツィヒにいい骨董市があるから行ってみたらと教えてくれた。ドレスデンからライプツィヒに行くようになり、おもしろいとなると次はライプツィヒに3日ほどいて、そこから列車で1時間ぐらいの町に日帰りしたりと、ドイツにいる日数が増えていった。

古い切手やチケットなどによくライプツィヒと書いてあり、印刷物や紙物が得意な印象がある。もうひとつ、ライ麦パンのサンドイッチが美味しい。そんなのどこにでもあるだろうと思われるが、lukas（ルカス）というパン屋のサンドイッチが気に入っている。ライプツィヒには何軒かあるが、他の街では気づかなかった。ハムやチーズ、トマトなどが挟んであり、真ん中でパコッと2つに切って具材が見えるようになっている。朝ご飯はこれ、中身の具を替えてお昼にもこれ。よく噛んで食べると1つで十分お腹いっぱいになる。夜はクスクスや丸麦などの穀物と野菜や豆を混ぜたサラダのようなタブレを食べたり、スーパーでお惣菜とパンを買って宿で食べることもある。ライプツィヒではほとんどレストランに行かなくて、ビールも飲まず、なぜかストイックな気分になる。そう言えば街の持つ顔というか雰囲気が硬派な感じがする。なんだか食べものの話が多くなったが、旅の楽しみということで。

ブダペスト案内

はじめて行ったのは1999年11月。チェコに行ったものの日にちを持て余し、ビザのいらない近い国というだけでハンガリーになった。予備知識なし、ガイドブックもなしで行ったものだから、ツーリストインフォメーションを頼って宿をとり、お店や見所を教えてもらってあとはひたすら歩いた。この旅は相方の藤山と一緒で、わたしが「ハンガリー、なんかいいとこやね」と言えば藤山が「いいとこやね」と答え、「人が親切な気がする」と藤山が言えば、「そんな気がする」とわたしが応えた。

市場や食堂のようなざっくばらんな場所では、よく日本人かと聞かれた。「はい」と応えるとニコッとしてくれたり、親しみを込めて「モンゴリア」と言われ、目配せで同じモンゴルのルーツを持つ同士みたいな温もりを交換し合ったこともある。地下鉄やトラムに乗っているとジーッと見つめられ、それは嫌な感じではなくて、ただ日本人に興味があったり、困っていたら助けてあげようぐらいのおせっかいな視線だった。ブダペストにいたのは3~4日で、文房具を探したり、市場に行った程度で、しかも毎日雨が降っていた。それなのにまた来ようと2人の意見が一致。ハンガリーは好きな国になった。

ブダペストは道幅が広く、歴史を感じさせる立派な建物が鷹揚に並んでいる一方、少し中に入れば生活感があって急に時間が流れはじめる。ドナウ川をはさんで西側の王宮の丘の方がブダ地区、公園の緑がちらちらと見える。ゆったりとした景色があり、散歩向きの気持ちの良い空気が流れている。川の東側の賑やかなエリアがペスト地区で、日々の暮らしの足下がある。宿、食事、買いものなど、ブダペストにいる間はほとんどこのペスト地区で過ごしている。

ブダペストの観光でお気に入りの順番がある。まずは王宮の丘にある漁夫の砦からドナウ川向こうの国会議事堂やイシュトヴァーン大聖堂を眺める。ここで見た景色の中に入って行くような感覚で、ペスト側に渡って中央市場や民族博物館に行き、アンドラッシー通りやヴァーツィー通りを歩く。夜は大聖堂のコンサートに行って、降ってくるようなパイプオルガンの音にうっとりじゃなくてウトウト。土曜日にあたれば昼間は蚤の市、夜はフォークダンスを見に行って、激しい動きの踊りにびっくりするのもおすすめ。

食事は美味しくて好きな食べものがいっぱいある。具沢山のスープグヤーシュは、これとパンでお腹いっぱいになるほど。チキンをパプリカで煮込んだパプリカッシュチルケ、お米が入ったロールキャベツは行く先々でいろんなバリエーションでいただいたけどどれも好き。お米に肉や野菜のおいしさが染み込んだ優しい味で、何個でも食べられそうなぐらい。蚤の市やイベントの屋台で行列ができているところがあれば、それはきっとラーンゴシュ。揚げパンにニンニク入りのサワークリームを塗り、好みでチーズをたっぷりトッピングしてかぶりつけばサックリ&モッチリ。ほかにもすすめたいものがたくさんあり過ぎて1回の旅では食べきれない。わたしがハンガリーが好きな理由の1つは、食べものが自分にあっているということもあると思う。

ここ数年は11月に行くことが多い。山らしい山がなく、ブダペストを出ると大平原が広がるハンガリーは、秋の終わりになると曇りと雨の典型的な盆地型の天気が続く。ある日パタリと太陽を見なくなり、昨日は小雨、今日もしとしと。グレーの空は低く動く気配がなく、毎日こんなんだと気が滅入りそうになる。家の中で本を読み、手を動かし、温かい食べものを食べたくなる。女性は刺しゅうや織りもの、男性は木を彫ったり蔓を編んだり。農作業のない冬の仕事としての手工芸品や、少しでも気が晴れるようにと家の中を飾る刺しゅうのルーツはここにあると思う。

初ハンガリーから20年近くが経ち、ブダペストは地下鉄の大部分が改修され、新しく4本目の線ができた。建物も道路もどんどんきれいになっていく。英語もずいぶん通じるようになり、言葉で困ることが少なくなった。「モンゴリア」と黒い髪と目を羨ましがられることもなくなり、中国人と間違えられるようになってかなり寂しい。日本人のみなさん、もっとハンガリーに行って、いい意味で目立って欲しい。

以後、反省して、予定が空いているからといってポイッと出かけず、時期を選んで行くようになった。

いつも一緒に出かけていた2人が別々でもいいんだと気づいたのがこのころ。わたしはチャルカの買いつけ隊長の肩書きをもらい、東欧を旅して雑貨を集め、藤山はオリジナル商品を考えたりと国内を担当するようになった。2年が経ち、2003年11月にひさしぶりに2人連れ立ってベルリンへ行った。蚤の市天国ベルリンを満喫したわたしたちは、当時のフリーペーパーブームも手伝って、ベルリンの旅本をつくろうと盛り上がる。勢いって大事だ〜。3ヶ月後には本当につくったのだから。『蚤の市へ行こう　ベルリン扁』と題して、全42ページ、プリントアウト、ホチキス製本の冊子が出来上がった。表紙はベルリンから持ち帰った雑誌を使い、1冊ずつ「BERLIN」とハンコを押した。出版はチャルカパブリッシング、つまりチャルカ。これがそのあと何冊か書かせてもらうことになるチャルカの本のはじまり。

子どもが小さかった藤山は、オリジナル商品のリーダーとしてチャルカをひっぱり、パスポート紛失騒ぎや盗難やいろんな目に遭いながらわたしも強くなり、一人旅がスタンダードになる。それでも、本の取材やここぞの用事のあるときは、やっぱり2人で出かけていって、蚤の市で競い合うように雑貨探しをしたものだ。その様子を見ていた同行のカメラマン氏が写真を撮ってくれて「ハイエナるチャルカ」と、誉めてくれた。

相方の出産

チャルカをはじめて1年半、2001年3月に相方の藤山なおみが長男を出産。この前後も含めて、藤山はしばらく仕入れの旅はお預けとなる。わたし、久保ががんばらなくっちゃとなったわけだけど、実は……一人旅をほとんどしたことがないということに気がつき、ひっくり返りそうになった。あんなにあちこち行っているのに、ここ何年かはずっと藤山と一緒だったし、その前もいつも友だちと二人旅。旅慣れている気になっていたけど口ほどにもない旅歴があらわになった。

2001年1月、いつもは藤山と行くパリの友だちのところに1人で行った。そのままドイツへ行き展示会を見て、2月のワルシャワへ。一体なにがしたくて真冬のまっただ中にポーランドへ行ったのか我ながら謎。寒さと吹雪で外出できずホテルで缶詰状態が3日間続き、暇つぶしにとお掃除のおばさんがパズルを貸してくれた。

第2章

旅を掘り下げる

東欧が好きって言いたくてしょうがない

旅日記、2002年の夏

チャルカをはじめた当初からつくり続けているオリジナルノート（※1）がある。布張り糸綴じ上製本で中身はオレンジ色のグリッド。旅には必ずこのノートを持って行き、旅日記を書いている。買ったものの記録や見つけたお店情報。つらい寂しいもう帰りたいの泣き言や、帰ったらやりたいことの思いつき。ノートはわたしの旅のあれこれを知っている。数えてみると42冊、盗難にあったのが確か2冊。なぜか最初の3年間分が見当たらないけど、全部揃っていたら20年間で50冊以上になる。

あらためてノートを見てみると、貼り込みが多くて膨らみ、ズッシリとしている。中でも3〜4年に1冊、ノートの域を超えるぐらい分厚く膨らんでいるのがある。そんな旅は日にちも長く、思うことがいつも以上にある濃い時間を過ごしている。

2002年7月のノートは横綱級にすごくて、夏の2ヶ月間をまるまる旅にあてている。パリからはじまり、飛行機でルーマニアのブカレストへ行き、列車で途中下車しながらブルガリアのソフィアまで。ソフィアから飛行機でハンガリーへ行き、南下してスロヴェニアとクロアチアの北部をまわってブダペストに戻る。ブダペストから列車でチェコ、オーストリアと行き、ウィーンからパリ経由で帰国。ポーランドは2001年に渡航済み。2002年はそれ以外の東欧の国々を目指した。

このときは旅の神さまがおまえを鍛えてやろうと正面からやって来て、わたしの肩に両手を置き、がっしがっしと揺すられたような旅だった。

フランスで友だちの家に泊まり、毎日美味しいものを食べて夏休み気分。マルシェ袋と個別包装の砂糖を探したかったので、ランジス市場に行って業務用の資材をあれこれと見た。果物を入れる紙袋やチーズを包む紙が可愛いくて、さすがフランスと盛り上がる。クリニャンクールの蚤の市は高くて手が出せず。自分の中でお手ごろな東欧価格が基準になっていることに気づいたのもこのころだった。毎年のように友だちに会いに行っていたフランスだけど、これからはあまり寄らなくなるかもとぼんやりと思う。

友だちと別れて1人になり、飛行機でブカレストへ。ブカレストの空気はゆるい中にもピリッとしたものがあり、貴重品に気をつけようと身を引き締める。文房具や手芸用品でおもしろいものはないかと探したけど、中国製が多くてがっかり。食料品はトルコ産が目立ち、中近東に近いヨーロッパの端を意識する。どこへ行っても選ぶほどのものがなくて、唯一惹かれたのは民芸品。食べものではトウモロコシの粉を練ったママリガ、ひき肉を焼いたミティティ、茄子や豆のペーストが美味しくて、日本のトルコ料理店で食べた味に似ていると思った。学生時代に行ったカナダで求めたトルコ石の指輪。以来、旅のときにずっと身につけていたもので、宿の枕元において出かけてしまい、帰ってきたらなくなっていた。うっかりしていた自分が悪いとあっさりあきらめる。

ブカレストには奈良に留学していた女性の知り合いがいる。彼女が協力的で、つきっきりで案内してくれたけど、好きなものがあまり見つからなくて残念だった。十分気をつけるようにと念を押しながら見送ってくれ、心細く思いながら列車でブルガリアに向かった。国境には広い川があり、隣り合わせた人がドナウ川だと教えてくれる。ドイツからこんな遠くまで流れてきているドナウ川は、湖みたいに川幅が広く、陸続きのヨーロッパを感じた。日本でそんなに長い川って見たことがない。

ブルガリアに入り、ヴェリコ・タルノヴォで2～3泊しようと駅で降りる。駅前に止まっていたタクシーに乗り、予約しておいたホテルまでお願いした。ホテルの前に着いてタクシーが止まり、スーツケースを下したところで運転手に突き飛ばされ、首から下げて服の内側に入れていた貴重品入れのひもをカッターで切って引きちぎるように奪われる。あっと言う間のことだった。ホテルのドアマンは見て見ぬ振りで、何もかもが一瞬のこと。起き上がりかけた目の前でタクシーのドアがバンッと閉まり、走り去って行った。パスポート、クレジットカード、インターナショナルバンクカード、みんなバイバーイとなる。

パスポートがない旅行者はホテルに泊まれないと言われ、地元の警察に行くと盗難ではなく紛失扱い。大使館に連絡するとホテルにとりなしてくれたけど、この日は金曜日でもうなにもできないから月曜日にソフィア（ブルガリアの首都、日本大使館がある）まで来なさいと言われた。意気消沈しきった顔でロビーに座っていると、「大丈夫ですか？」と日本人の男性に話しかけられた。同じホテルの宿泊客で、わたしのタクシー騒ぎをご存知。結局月曜日までの3日間をこの方のお世話になった。食事をごちそうしてもらい、なんとかなるから今はブルガリアを楽しんだらと連れ出してくださり、最後にお金を貸してもらって、月曜日の朝にソフィア行きのバス停でお別れした。教員をしていらして、夏休みになると行ったことのない国に一人旅をし、パスポートにスタンプが増えるのが楽しみというお方だった。本当に、本当にありがたかった。

パスポートは盗難なのに警察がどうしてもそれを認めてくれず、本人ミスの紛失扱いになる。日本人のパスポートはマーケットでいい値段で取引されていて、タクシードライバーにとっては数ヶ月分の給料ぐらいの稼ぎになる。警察でそんな話を聞かされ、悔しいやら腹立たしいやらで、怒ると元気が出て来た。盗難と紛失では再発行に要する日数が違うそうだ。大使館では本来なら5日かかるところをなんとか3日でと頼み込み、パスポートを再発行してもらい、旅を続けられるようになった。

知り合いのいるハンガリーに行き、そこのお母さんにヨシヨシと慰めてもらって、たらふくご飯を食べて寝た。カード類の再発行手続きをして再びお金が使えるようになると現金なもので、じゃぁちょっとクロアチアに行ってくるわと出て行くことに。そんなわたしを見送りながら知人一家はあきれていたけれど、わたしとしてはここで心が折れたら今後旅が楽しめなくなると必死。

クロアチアに行く前にハンガリーのペーチという街で蚤の市に行き、ここで日本人のおじさんに声をかけられ、それが縁でこの方とは今も行き来がある。ハンガリー人の奥さんは英語を話されるしお料理上手。泊まりにいったときは美味しいハンガリー料理をいただき、日ごろの疑問を日本語と英語で解いてもらう。ハンガリー刺しゅうに夢中になっているときは刺しゅう名人を紹介してもらったし、料理を覚えたいときは一緒につくってくれる。ずっとお世話になっている、ハンガリーの大切な知り合いだ。


クロアチアからハンガリーに戻り、チェコ、オーストリアに行き、ウィーンでナッシュマルクトの蚤の市をまわったけどそそられず。ここまでくるとパスポート騒ぎは遠い過去のできごとのように思え、チェコをもっと見たいなとか、ハンガリーにおみやげいっぱい持って行かなくちゃとか、次の旅のことを考えていた。

雑貨やもののテイストはもちろん、それがある場所や見つけるまでの過程、出会う人たちとそのときの自分、甘いも辛いも含めて東欧に惹かれているのだと思う。理由をはっきりとした言葉で説明することはできないけど、でも確かに、東欧にあるなにかがとても好きだと自覚した旅だった。ブルガリアであきらめないでよかった。

※1＝自分たちが使いたいノートを形にした、チャルカのオープン当初からあるオリジナルグリッドノート。東欧から持ち帰ったヴィンテージ生地や、スタンダードな麻生地を表紙にし、180度開いて書きやすく、糸綴じ製本ゆえに丈夫。大阪の製本職人がほぼ手仕事でつくっている。

ふにゃふにゃぬいぐるみ

ぬいぐるみを最初につくった人を尊敬します、素晴らしい。木、陶磁器、プラスチック、金属、ガラス、ゴムなどのいろいろな素材で、人や動物をかたどったものがつくられているけど、なんと言ってもぬいぐるみが一番。抱っこしてギュッと柔らかい。名前をつけるともうダメ。ベストフレンドか強力なお守りみたいに連れ歩く子どもの気持ちがわかる気がする。けど自分は1つも持ってない。手元においておこうとはまったく思わないけれど、好きなポイントはちゃんとある。

東欧に雑貨を探しに行きはじめたころは、ぬいぐるみか〜、ふ〜んって感じだった。蚤の市でもアンティークショップでも、クマのぬいぐるみが目をひく。日本と違うバランスの顔や胴体、毛の色にも外国感がある。古いものは胴体に藁が詰めてあって、ガラス製のうるうるお目々で、なかなかかっこいいじゃないですか。あるときのハンガリーのエチェリの骨董市で出会ったクマのぬいぐるみ。ただのおもちゃじゃなさそうな由緒ある表情のクマに問うてみた。

「お歳は？」「かれこれ80歳は過ぎておりまする」と彼。「80年間もどこでなにをしていたの？」「えー、最初はあるぼっちゃまの友人として可愛がっていただき、そのあとはコレクターの間を渡り歩いておりました。ちなみにオーストリアの出身でございます」。彼はおしゃべりだった。「日本のお方よ、わたしと横にいるわたしの友人を日本に連れて行ってはくれまいか？　そろそろ旅もよかろうと言うもの。日本に行ってみたいものだ」。そんな展開で、はじめて買ったぬいぐるみは、コレクターがいるようなちゃんとした2頭のクマ殿だった。店に並べたらあっという間に売れていった。ぬいぐるみいいねと思った次第。

積極的には探さないけれど、気になる子に出会ったら考えてみるようになった。でもちょっとぐらいなら手は出さない。よっぽど得心がいったときにだけ「よしよし、おいで」と日本に連れて帰るようにしている。クマの1頭、ネコの1匹どころか、イースターで出番となるウサギやヒヨコにすら出会わない旅もあれば、ニャンニャン、ワンワン、ピョンピョン、クークーと賑やかなご一行さまとなるときもある。

年代や国籍を問わず、正統派の子よりも、愛嬌のあるちょっとダメっ子や、イヌかネコかわらないような変てこな子が気になる。さらに、全体のバランスが悪かったり、前の持ち主がいつも触っていた跡がハゲていたり、時代を表すヴィンテージ感溢れる服を着ていたり、ふにゃふにゃで力が抜け過ぎだったり。そんな子たちばかりが目についてしかたない。なかなかのくたびれっぷりの子たち。目が取れていたら刺しゅうで新しい目をつくってあげる。体が汚れていたら不自然にならない程度に洗ってブラッシング。ほころびは繕い、リボンや洋服はささっとアイロンをあてる。そうやってちょっとは見れるようになったら、最高に可愛く見える角度を探して写真を撮る。どんな子にもチャームポイントはあるものだ。オンラインショップで紹介すると順番に新しい友だちや家族に出会って、日本で第2の人生を送ることになる。達者で暮らすんだよと送り出し、里親チャルカの任務終了。

そう言えば、うちの甥っ子にもぬいぐるみの友だちがいる。物心ついたころからずっと男の子のホワイトタイガーのお世話になっている。20㎝ぐらいの長さのタイガーの胴をつかみ、自分の目の高さで見つめ合っている。タイガーには黒い鼻がついていて、甥っ子はなぜかそれを噛む。胸のところに抱き寄せて眠り、お出かけのときも一緒だし、他の人が触ったら「やめてー」っていうぐらい可愛がっている。だのに、なんで噛むの？ 鼻がもげちゃうじゃない、とタイガーくんの声。甥っ子よ、聞こえているかい？

案の定タイガーくんの鼻は低くなり、ついにはポロリ。ときにはボタンの鼻、あるときはフェルトの丸い鼻。洗っては鼻をつけ替える。母親が何度お手入れしたことだろうか。

甥っ子によると、可愛いすぎるから噛みたくなるらしい。そして元気をチャージさせてもらっているんだとか。可愛いって痛いのね。タイガーくんが気の毒だ。甥っ子は中学生になり、一人旅をするぐらいたくましくなったけど、タイガーくんは彼の枕元にあり、今でも大事にときどき噛んでいるらしい。これ、内緒。

俺のが1番・うちのが特別

ハンガリーのグヤーシュとハラースレー料理

ハンガリーの名物料理と言えばグヤーシュ。タマネギ、ニンジン、ジャガイモ、牛肉などを煮た具沢山のスープだ。パプリカが入っているのでオレンジ色をしている。はじめてのハンガリーの、冬の寒い蚤の市で食べたグヤーシュの温かさが身心共に沁みたことをよく覚えている。食べものの記憶はすごいのだ。

ハンガリー料理はオレンジ色をしたものが多く、これはパプリカを乾燥させて粉末にしたものがふんだんに使われているから。昔ながらのハンガリー料理の店に行くと、テーブルの上には塩、胡椒と並んでパプリカパウダーがおいてあるぐらい、なくてはならない調味料。煮込み料理、スープ、サラダにもパラッと振りかけてある。鮮やかな朱赤色をしていて、肉でも魚でも合う。スープだろうが、シチューだろうが、素材を問わずひと振りでみんな同じ色の同じような食べ物に見えてしまう。常食性があるとか、パプリカの目利きができないと主婦失格とか、パプリカをケチって料理をすると家族の機嫌が悪くなるとか、いろんな話を聞いたことがある。ハンガリー人のソウル調味料だ。日本の醤油や味噌に匹敵するのではなかろうか。

さて、そのグヤーシュだが、今までどれだけ食べたことだろう。もしかしたらすき焼きよりも回数が多いかもしれない。レストランや市場で、知人宅で、知人の知人宅で、祭りで、そしてグヤーシュコンテストで。大平原の国ハンガリー、もともとは羊飼いたちが屋外に大鍋を設えて、昼食用にと肉や野菜を煮ていたところからきている。

初夏の田舎の祭りでグヤーシュコンテストがあると聞き、ぜひともワイルドな絶品を食べてみたいと出かけていった。準備から見たかったので早めに行くことに。昔の農民が着るようなダボッとした白いシャツに幅広のズボン、腰には広い革製のベルト、青のエプロンをした老若男子が大勢。すでに熱気溢れる広場の様子に驚いた。あちこちにテントや簡易の小屋が並び、大鍋から煙が上がっている。旗や看板がたててあり、「なになに家のグヤーシュ」と書いてある。看板と並んで動物の頭蓋骨が飾ってあったり、鍋の横にも転がしてあったり。頭蓋骨の横の椅子にはご意見番であり指示を出すおじいちゃん、調理担当はその息子であるお父さん、呼び込みや盛り上げ役の孫と男子ばかりの家族構成チーム。じいちゃん仕込みの我が家の味で優勝をと、みんなが狙っている。

地元色溢れるお祭りで外国人はいないうえに女子1人だから目立つ。ものすごく説明をしてくれる。ハンガリー語はあまり理解できません、とは言いにくいほど。男の子が駆け寄ってきてわたしの手をとり、自分ちの鍋の前に案内してくれる。お父さんが鍋をかき混ぜて頭蓋骨を出して見せ、横でおじいちゃんがウンウンと満足げな様子でまわりを見まわし、指を1本立てる。俺ん家が1番うまいってアピールだ。でもまだできあがっていないから、あとでおいでと言われる。

隣の一家は具材を炒めていて、まさにパプリカを投入するところだった。こんなにきれいな色でいい香りのパプリカを使うんだぞと、パプリカを差し出された。確かに上等そうなパプリカだ。ゴロゴロ具沢山、ニンニクやタマネギの匂いがたまりません。はい、またあとで。

ある一家の前には、頭蓋骨が何個もおいてある。そう言えばこれはなんの骨なのかと気になり、聞いてみると「メェ〜〜〜」との答え。グヤーシュと言えば牛だがそれにしては小さいと思っていた。店で買ってきた肉じゃなくて、我が家で育てた羊だからうまいよ、たっぷりと入っているよと言う意味を込めて、頭蓋骨を自慢げに見せてくれていたのだと気づく。

あたり一帯から美味しそうな肉とスパイスの匂いがもうもうと立ち上り、いよいよいただきますかとなる。おじいちゃんとお父さんと息子の三世代セットがあちこちで声を張り上げて「俺んちのが1番うまいグヤーシュスープ」と唄うように言っている。わたしはと言えば行く先々でいただいたパーリンカ（果物の蒸留酒）で酔っぱらってしまい、草の上に寝っころがって休憩。パーリンカにもやっぱり「うちのが特別」話がついていて、庭のサクランボや畑のプルーンでつくる自家製を振る舞ってもらった。アルコール度数は軽く40

度越えでバッチリ高い。ここはハンガリーの田舎、1人で酔っぱらってなにしてるんだろうと、寂しいけれど安心できる気持ちでうとうととした。

グヤーシュが肉バージョンなら、魚のスープでハラースレーという料理がある。海のないハンガリーで魚と言えば川や湖にいる鯉やナマズ。鯉はいいとして、日本ではあまり口にすることはないナマズ。泥臭くてなんだかなぁと先入観があり、わざわざ食べに行ったことはなかった。

週末に地方に住む知人宅に泊まりに行ったときに、明日の昼ご飯は庭でハラースレーをつくるから楽しみにしていろと言われた。ハラースレーコンテストで何度も優勝したことのある人が、鍋と材料一式を持って来てくれることになっているらしい。ついにやって来るのか、ナマズのスープ。優勝経験に期待。

ひと抱えもある大きなホーローの鍋とそれを吊るす三脚みたいな金属の脚。薪、ナマズ、タマネギ、ニンニク、パプリカ、トマトなどが大量に持ち込まれ、40人分をつくるからとお手伝いを命じられた。ナマズはまだ生きていて、手のひらぐらいのサイズ。きょとんとした目に長いヒゲで、触るとヌルッとしている。どこで手に入れたのか聞いてみた。ほら、前に別荘に行っただろう？　裏に小さな湖があっただろう？　あそこで捕って来たんだよ、との返事。湖というか、ちゃぽんぐらいのため池で、まったく透明度のない泥水だったあそこ？　そうだ、あそこだ。客のみんなは、わ〜い、ハラースレーだ、と心底楽しみにしていて待ちきれない様子。

三脚を据えて鍋を掛け、薪を燃やす。鍋にニンニクやタマネギを入れて炒め、パプリカを入れて、水でのばしてスープにし、トマト、そのままのナマズをポンポンと入れ、塩を加えて煮るだけ。煮ている間に吊ってある鍋をグルグルまわしていた。ここは見せ場で、微妙な火加減をしているらしい。ハラースレーおじさんはシャツを脱ぎ、手には分厚い手袋の姿。顔を真っ赤にしながら、美味しくなぁれと鍋をまわす。

できあがったハラースレーをお皿に入れてもらう。つけあわせは、すいとんみたいな柔らかいパスタ。強烈なパプリカオレンジ色のスープからナマズが顔を出している。身が欠けたりしてスマートになっていたけれど、黒っぽい皮も平たい口と小さなギザギザ歯もちゃんとあった。いい出汁が出ていてスープは美味しいいし、身は淡白で食べやすい。みなさん、小骨を出しながらナマズをしゃぶるように食べている。ナマズを持っていた指も舐めている。ニンニクがすごいのか、パプリカがすごいのかわからないけれど、臭みなんてまったくない。あの泥水の底に住んでいた魚とは思えない。御代わりください！　ハラースレーはやっぱりナマズでつくるのが1番、そして俺のが1番うまい、と汗だくのおじさん。もうひとまわり大きい鍋でもよかったと言っていた。食べる人数に合わせて、大きさの違う鍋をいくつも持っているそうだ。

このあとブダペストで有名なハラースレーの専門店に連れて行ってもらったけど、知人宅の庭でいただいたのにはかなわなかった。グヤーシュもハラースレーも、レストランの厨房でつくるより、屋外、薪、大鍋、俺のが1番美味しいの呪文でいただくのが最高。

プラハ案内

プラハは観光客が多くていつ行ってもにぎわっている。西からも東からも、アジアからも大勢の旅行者が訪れる。ヨーロッパの古都と言われるほど様々な時代・様式の建築物が今も美しい状態で残っていて、それを見たり勉強をしに世界中から人がやって来る。昔からドイツ語が通じやすく、お隣りのドイツからは週末ちょっと遊びにきたぐらいの気軽な旅行者も多い。最近は若い人を中心に英語もずいぶんと通じるようになり、プラハで言葉に困ることがなくなった。便利だけどつまらなくもあると、観光都市でそんな感想を持ってしまう。

新市街からトラムに乗ってプラハ城の裏門へ向かう。まずは聖ヴィート教会のステンドグラスを見て、黄金の小道を抜けたら視界が開ける。お城の高台から街を見下ろすと赤茶色の屋根や塔が見える。ここからの眺めは素晴らしく、初夏はブドウの葉の緑が百塔の街に色を添え、冬はヴルタヴァ川と石のカレル橋が静かなプラハを浮かび上がらせる。

わたしのプラハ滞在中のアパートはヴルタヴァ川の近くにあり、冬の早朝の散歩は好きな時間の1つだ。川から立ち上ってくる朝もやの中を歩くと、中世の絵の中に入り込んでしまったような気になる。時間が止まる。もうひとつ川下の橋まで歩き、ガタガタと音がしたので振り返ると、朝もやの中にトラムが消えていった。かすかに景色が揺れ、しばらくすると手品のように少し先にトラムが走っている。これはプラハで過ごした印象深い時間。本当だったことを確かめたくなってまた行ってしまう。

プラハ城から旧市街までは、ぜひ歩いてみて欲しい。お城から石畳の階段を下り、カレル橋を渡り、みやげもの屋の並ぶ曲がりくねった細い道を縫うように歩いて旧市街へ。プラハ城から旧市街の間に見所がギュッとかたまっていて、ここを歩けばにぎやかなプラハが満喫できる。もう何度も通ったコースだけど、たくさんの人が惹きつけられてやってくるのもわかる気がする。古都の歴史と今の賑やかな観光スポット。それらの混在具合も絶妙に、古めかしさを保ちながらたくましく存在するプラハ。いいと思う。

レストランに入ると各国語のメニューが揃っていて、すかさず写真入りの日本語メニューが差し出され、おすすめに星印がついている。間違いなくてとっても安心。だけど用意が良すぎて少し興ざめしてしまう。そんなあまのじゃくの同志がいらしたら、地図を見ないでフラフラと歩いてみることをおすすめする。

旧市街広場に見える背の高い建物、ティーン教会を目印に覚えておくといい。プラハ城、ヴルタヴァ川の位置関係も頭に入れておく。では、天文時計前からスタート。細い路地に入ってみよう。旧市街広場やユダヤ人街の近くには観光地図にはのっていない抜け道や、先の見えない近道があったりする。行き止まりなら少し引き返して違う方向へ。建物と建物を繋ぐ小さな門が開いていたら、それは昼間だけ通れる道かもしれない。一見なにもなさそうな石の建物の奥には中庭があり、居心地の良さそうなカフェや小さな可愛らしい店が隠れていたりする。偶然見つけた雰囲気のある店や惹かれる空気の場所は、名前は覚えていなくても写真のように心に残ることだろう。

もう1つのおすすめはトラムに乗ること。外の景色を見ながら移動できるトラムは街の散策にぴったりだ。観光客であふれている中心地から離れて少し足を延ばしてみると、また違ったプラハの風景がある。ちょっと違う景色になってきたらトラムを下り、反対側から同じ番号に乗ると戻れる。アンティークショップの看板が見えたら次の停留所で降り、歩いて戻って入ってみる。いい出会いがあるかもしれない。地元の人たちでにぎわっているこぢんまりとしたレストランがあれば、やっぱり下りて入ってみる。みんなが食べているのと同じお皿を注文すれば、リーズナブルで今のプラハらしい食が味わえるかも。王道の観光コースのあとは気のむくままの自分コースも試してみて欲しい。

車で遠出

2度目のプラハで泊めていただいた宿のオーナーが、きっと気が合うだろうと紹介してくれた人がいる。日本人の女性でわたしより少し年下。プラハから1時間ほどの街リベレツに住んでいて、そこにある日本企業で働いていた。お見合いみたいに顔合わせのお茶を飲み、古いものが好き、蚤の市が好き、旅が好きと気が合った。初対面と思えないほど話がはずみ、次はわたしの旅と彼女の休みをあわせて、車で遠出をしようと約束をした。チェコで雑貨探しをはじめてまだ間もないころで、手伝ってくれる人ができて心強く思ったのもあるけど、それ以上に、感覚の近い人に出会えたことがうれしかった。いい予感。

チェコは北海道と同じぐらいの面積で、端から端まで車で走れば5〜6時間。西はドイツ、北はポーランド、南はオーストリア、東はスロヴァキア、その先にはハンガリー、ルーマニアと続く。車があると本当に便利で、隣りの国に次々と行くことができる。交通の便の良くない村にも行けるし、なにかありそうと感じた町で止まることもできる。2人でチェコとハンガリーの詳しい地図を買い、列車線路ではなく道路を辿って旅の計画を立てるようになった。彼女はペーパードライバーのわたしの行動範囲を大きく広げてくれた。

2ヶ月後の次の旅でのこと（たった2ヶ月でまた行っているのにびっくり）、木曜日の朝にプラハからバスでリベレッツに向かう。街中のお店を見たり買いものをして時間を過ごし、夕方、彼女の仕事が終わると待ち合わせをし、旅の予定を相談しながら夕食。明日の金曜日から休みを取ってくれているので2泊3日。季節は11月、わたしがまだ行ったことのないところがいいとなり、家で地図を広げ、寄りたい町や泊まる町など旅の骨格だけを決めた。行き先はチェスキー・クルムロフとテルチになった。

金曜日はまず文房具の問屋に行って仕入れをすることに。地方に行くとプラハで見るのとはまた違ったノートや伝票がある。表紙の紙にひと昔前の懐かしい感じがあったり、紙のリサイクル度が増してモラモラしていたり。手が汚れるのも気にせず、買い占めたノートを車のトランクに2人で積み込んだ。冷え冷えとした寒くて広い倉庫で、気が済むまで探したり見たりできる。微妙なラインで説明が難しいものを理解してもらえる。そのへんの感覚が近いって人ってなかなかいるもんじゃない。こんなに気の合う旅の相棒に出会ったことに感謝。縁やタイミングって不思議でおもしろい。

古物屋に寄り、彼女は繊細なガラスものを選び、わたしは陶器や真鍮の器やおきものを選んで大満足。夕方の明るいうちにチェスキー・クルムロフへ着き、地ビールで乾杯。土曜日はチェスキー独特の景色の中を散歩して、お昼ご飯を食べたらテルチへ。たまたま見つけた手芸店でガラスボタンのシートを買い、他にも気になる町があれば寄りながら、この日の宿は行き当たりばったりでペンションに。日曜日の夕方にはプラハに戻って、わたしはここまで。夕飯を一緒に食べたら彼女はリベレツに帰っていった。次の春にはどこかへお祭りを見に行こう、そのうちまとまった休みをとってハンガリーへ行こうと約束をした。そしてこのときに買ったガラスボタンのシートが、後のガラスボタン探しの大きなヒントになったのだった。

2人の週末ショートトリップは勢いを増す。春はスロヴァキアへお祭りを見に行き、そこで民族衣装のコレクターさんを紹介してもらってご自宅へ。数々のコレクションを拝見し、衣装を着せてもらってはしゃぎ、「趣味を兼ねて好きな衣装に投資しているの。あなたもそうしなさい」とうれしくなる言葉で背中を押していただく。そこの家のおばあちゃんはケーキを3種類も焼いてくれていて、たらふくごちそうになり、食べきれなかった分は包んでもらってチェコに戻った。夏が待ちきれずに6月にハンガリーへまた一緒に行った。ペーチの知人宅に泊めてもらい、蚤の市で出会ったカーロイさんという人と仲良くなる。ルーマニアのシク村から織りものや刺しゅうを売りに来ている方で、暑苦しいほどの興味を示すわたしに、手仕事ものが好きなら訪ねておいでと名刺をくれた。住所はルーマニアのクルージュ・ナポカ、シク村。ブダペストからだと車で7、8時間ほどで、国道をまっすぐに走るだけだからそんなに大変じゃないとのこと。必ず行こうと思った。「わたしの名前はよしみ。連絡するので覚えておいてね」と言って別れた。

その日の夜には地図とカレンダーを広げて作戦会議。前から行ってみたかったチェコのモラヴィア地方キョフのお祭りが8月にあるから行って、そのままハンガリー、さらにルーマニアと12日間の旅の計画を練った。この夏に行こうと興奮しすぎて寝つけなかった。あとでキョフのお祭りは4年に1度と気づく。計画を立てたときが2004年で、次回のお祭りは2007年と知ってお預けになった。

2005年早々にハンガリーの絵本作家、マレーク・ヴェロニカさんの展示を大阪ですることになり、その準備でいそがしくなる。続いてチャルカの本を書くことが決まり、はじめての本づくりがスタート。ルーマニアのカーロイさん訪問も、もう少し先のお楽しみとなった。

ガラスボタンを探す

子どものころの宝物、それは洋裁をしていた母からもらったボタン。服から外したボタンがゴーフルの缶いっぱいに入っていた。摘んでは眺めてを繰り返して遊んでいたと思う。

大人になったあるとき、実家の使わなくなった部屋を整理していたらボタンの缶が出てきた。ひさしぶりに見るボタンは、何十年経った大人の目にも新鮮に映る。一緒に見ていた姪っ子が欲しがったので譲り、目出たく3代目のオーナーとなる。

ボタンは微妙な存在だと思う。デザインや色に凝り、小さいわりに注目さている。なのになくしてしまったり、人にあげてしまったり、なかったり、飾りになったり。どうでもいいと思えばどうでもいいし、でもいざこんな色とサイズと素材でと探しはじめると、思うようなのがなかなかない。だから、気に入ったボタンを見つけたときは迷わず手に入れて缶に入れておく。洋服を処分するときも、何かに使えるかもしれないと、ボタンは外して缶へ。買ったときについている予備ボタンも缶へ。

蚤の市で裁縫箱やレースなどの横に缶があれば、ボタンが入っているだろうと想像がつく。ベルリンの蚤の市でなんとなく気になった缶があり、開けてみるとやっぱり。ハンドペイントの古いガラスボタンが詰まっていて、それは今まで見たものとはまるっきり違うあやしい魅力を持っていた。抑えた光り方やストーリーが感じられる模様。奥のほうから溶け出てくるような色の見え方、独特のまったりとした質感。それは集める目的のガラスボタンで、このときにコレクターがいる奥深い世界があることを知った。

このボタンがチェコでつくられたアンティークと知り、ボタン探しがはじまった。そう言えばと思い出したのが、前に見つけたシートのガラスボタン。「チェコスロヴァキア製」「エレガント」と印刷してある。これをヒントに調べていると1軒の工房が見つかり、訪ねて行くことになった。どんなふうにボタンがつくられるのか見てみたい。ヤブロネッという街の隣りの小さな村にある「エレガント」と言う工房だった。

ヤブロネッはボヘミアンガラスの産地として知られている。周辺にはガラス製品をつくる会社や工房がたくさんあり、ヤブロネックスと言う社会主義時代からの代理店がそれらを取りまとめ、海外にも広く輸出していた時代があった。ヤブロネッの街に大きな変化があったのは、社会主義時代が終わった1989年と、ヤブロネックス代理店が閉鎖した2009年。波に揉まれるたびに、ガラス産業は解散、整理、再編成されてきた。職人たちが自分の工房や会社をつくったり、直接売る道を探したり。変わらず残っているところもあるが、売られたり閉鎖したところも多い。それでもガラス製品は、ヤブロネツとチェコの大事な産業で、ボヘミアンガラスの国チェコが今もある。

工房「エレガント」は、1989年にガラスボタン好きの女性が旧体制から買い取り、細々と続けているところだ。わたしが訪ねて行った2000年代のはじめは、ボタンの職人が2人いらして、小屋での作業の様子を見学させてもらった。気のいいおじさんたちは、何度も手を止めて説明しながら工程を見せてくれた。こんなハードワークやってられない、と言いつつ、もっと腕を振るいたいからたくさん注文していけよ、と笑わせてくれた。足下にはたくさんのガラスボタンが落ちていて、5つ6つ摘まみ上げ、わたしの手のひらにのせてくれた。泥まみれのガラスボタン、洗うとキラキラと光るだろうガラスボタン。このあたりの地面を掘ったら年代もののボタンがザックザクだぞ、いつか掘りにおいでと言われた。

ここのオーナーは女性で、子どものころからきれいなガラスボタンが大好きで、時代が変わったときに母親が働く慣れ親しんだ工房が閉鎖されることをしのびなく思い、なんとかならないものかと買い取ったそうだ。だから自分がつくったり磨いたりするわけではなく、好きなだけで経営していると言っていた。「エレガント」という名前は、ガラスボタンがよく売れた時代に、上品でエレガントなボタンとして輸出するのに使われていた言葉をそのまま使用。この工房に何度か注文したけど、残念ながら品質が安定しなくて、そのうち返事が来なくなってそれっきりになってしまった。その後の旅で立ち寄ってみたけど人気はなく、オーナーの女性は元気だと耳にした。

ヤブロネツ近辺でガラス産業が発達した理由に興味を持ち、人に聞いたり調べたことがある。ガラスの材料に適した石や砂がチェコ国内で採れること、ドイツが近いこともある。ガラスの花瓶やシャンデリア、動物や人形の大きいのから小さいのまで、インテリアオブジェやアクセサリー、ビーズなど、いろいろなものがつくられてきた。

ガラスボタンは2種類あり、使う目的のシンプルな形の量産品と、模様や形に凝った愛好家向けのハンドワークに分かれる。ヤブロネツで見つけた古いボタンシートの中には、「PARIS」とか「ENGLAND」と印刷されているのがあり、海外に輸出されていたことがわかる。ヨーロッパをはじめとし、旧ソ連関連の国々にもたくさん売っていたそうだ。普段使いの洋服につけるシンプルなガラスボタンは、プラスチックと洗濯機の普及とともにやがて姿を消していった。残ったのは特別なボタン。高価な洋服の飾り、クラシカルなドレス用、アクセサリーのパーツ、集める目的のコレクター向け。消耗品から装飾品、愛好品へ。これが現在も残るガラスボタンの姿だ。

ガラスの小さな装飾用品、それを目指して今も素晴らしいボタンをつくり続けている工房がある。主にドイツ、アメリカ向けの凝ったボタンを丁寧につくっていて、できあがりも安定していた。オーナーのノヴォトニィ氏には何度も会ったことがある。日本からの注文を期待され、応えたい気持ちがあったけどデザインがきれいすぎて好みではなく、3年ほどで注文をやめてしまった。ガラスボタンに関しては、多少のキズや欠けがあっても、年月のたった古いのが断然好きと気づいた。以来アンティークのガラスボタン一筋で今に至っている。

おもしろい話がある。わたしがヤブロネッツに行きはじめた2000年代当初は、古いガラスボタンがまだちらほらと出まわっていて、運が良ければ袋ごとごっそりまとめて手に入れることができた。袋の中のボタンは泥はついているしゴミだらけ。加工途中や割れているのも混じっている。出所はちょっとあやしくて、古い小屋を解体したらボタンがたくさん出てきたとか、それこそ庭の木の根元を掘ったらざっくざっくと見つかったとか。立ち行かなくなった工房が閉鎖されてそのまま何十年間放置、代が替わって整理してみたら在庫が山盛りだったとか。びっくりしたのがダウジング（※1）の話。社会主義時代になにやら隠すように埋められていると噂されたエリアがあり、ダウジングの棒を持って探しに行く人が何人もいたそうだ。ボタンに限らず、ビーズやアクセサリーやおきものなんかも実際に発掘され、ほとぼりが冷めるのを待って、蚤の市やディーラーたちの間で売り買いされていた。つくりばなしのような一攫千金物語のギリギリ最後のおこぼれを経験させてもらったと思う。

泥がこびりついたガラスボタンを日本に持ち帰り、ブラシでこすって1つずつ洗う。溝に入り込んでいた汚れが取れ、彫られた模様や花がくっきりとした顔を出す。手間がかかって面倒だが、綺麗なものを取り出す喜びがある。こうやって、今はもう出せないガラスの色や、つくる喜びに溢れたデザインの断片を見てきたので、わたしが今のボタンに物足りさを感じるのは仕方のないことかもしれない。

古いガラスボタンは、ここ数年間でもう出尽くしたと言われているけれど、ひょっこりとどこかの誰かが手放したらしく、行く先々のアンティークショップで同じものが並んでいるのを見ることがある。まだあるじゃないかと思えば、ほんのちびりちびりと小出し程度にしか見つからなかったり、手が出ないほどの高い値段を言われてあきらめることもある。山あり谷あり、喜んだりがっかりしたりの繰り返し。

それでもありがたいことにチャルカにはボタンが集まってくる。なくなりかけて心配していたら、次の買いつけで誰かが差し出してくれるような出会いがある。これ本当で、ボタン以外のものも含めて、旅に出る前はとっておきを手放したり、「今回の買いつけではなになにがたくさん見つかりますように」と、何度も言うようにしている。手放せば次の出会いがあり、謙虚に強く願えば出会う確率が増すと信じている。

※1＝棒を使って地下にあるものを探す方法。昔は地面の下の水脈を探すのにこの方法が使われていた。

冬は革バンドと、季節が変わるとつけ替えて、働き出してもずっと使っていた。旅先にもにつけて行った。

チャルカをはじめてまだ間もないころの買いつけで、ストップオーバーで立ち寄ったアムステルダムでのこと。駅の裏のややこしい場所に行ってしまい、酔っぱらいの若者2人にはさまれて脅されたことがある。人通りが少なくて助けを呼べず、あっさりと観念したら、バッグから財布、眼鏡、腕から時計を盗って一目散に走り去った。パスポートやカード類はホテルに置いてきていたので大丈夫だった。ショックだったのは時計。中学生のころから20年ぐらいずっと使い続けていたもの。ようやく腕時計の持つ落ち着いた雰囲気がしっくりくるようになっていたのに。腕時計はこれだけでいいと思うぐらい好きだったのに。

警察に届け出を出し、半べそでホテルに戻った。フロントのお兄さんがどうしたのかと聞いてくれたので、貴重品を盗られたと言うと、バンドエイドをカウンターに置いて目配せをする。擦りむいた肘から血が出ていた。部屋に入って気持ちを落ち着かせ、お腹が空いていることに気づき、なにか食べに行こうとドアを出ると、ノブに紙袋がひっかけてあった。中にはバンドエイドとチョコレート。フロントの人が替わっていて、お兄さんはいなかったけど、きっと彼の心遣いだったと思う。翌日にチェックアウトしたのでもう会うことはなかった。

わたしの腕時計

中学生になったお祝いに腕時計を買ってもらえることになり、父と一緒に時計屋に行った。好きなのを選んでいいと言われ、わたしが選んだのは、金色の大きめの丸い文字盤に長針と短針、太めの茶色の革バンドのそっけない腕時計。店のおじさんが中学生の女の子の持つようなものじゃない、と言ったけど、どうしてもそれがよかったので譲らず、結局それを買ってもらった。けっこうな値段だったし、男性用だったと思う。バンドが大きすぎたので穴を開けてもらった。

硬かった革バンドは1ヶ月もすると手首になじみ、夏になると暑そうに見えたので、金色の伸び縮みする太い腕輪みたいなのに替えてもらった。これも、お父さんぐらいの人が身につけるバンドだと言われた。金色が鈍く変色していくのを楽しみながら、時計はどんどん馴染んでいった。バンドをつけ替えながら中学生、高校生、大学生と腕時計はこれ1つ。春と夏は金属のバンド、秋と

第3章

旅に慣れる

東欧　ラブズ　チャルカ

おせっかい焼きのパヴェル

プラハの中心を走っているトラム9番に乗り、国民劇場の前を通り過ぎ、プラハ城を右手向こうに見ながらヴルタヴァ川を渡れば、そこは5区。老舗の「カフェ・ルーブル」を過ぎたらストップボタンを押して次の停留所「ウー・イェス」で降りる。

道路はT字路になっていて、T字の突き当たりにはペトチーン公園へ続く散歩道とケーブルカー乗り場がある。ケーブルカーで丘の上に登り、歩いて降りていく散策コースになっている。季節の花やリンゴやナシなど果物のなる木が植えてあり、小鳥がやってきて、のんびりお散歩むきの風景が広がる。プラハで自然を楽しみたいときはここがいいし、デートしたいときにもおすすめ。

T字路を右に行けばプラハ城に行くトラムが走っていて、カレル橋があり、こちらは観光客でにぎわうエリア。左に行けば地下鉄のアンデル駅で、ショッピングモールがあり、地元率が上がる。アンデル駅周辺は若者が多いけど1本道を入るとそうでもなく、生活感のある都会といった風情。５区はそんな新旧混ざった感じのあるエリアだ。

プラハに滞在するときはいつも、Ｔ字路を左に曲がって１本目の12番地にあるアパートの１室を借りている。１回の旅で１週間から10日ほど、それが年に２〜３回だからけっこうな日数になる。わが家とチャルカの近所の次にこの界隈に詳しいかも。土地勘バッチリで道を聞かれたら案内できる。水やちょっとしたものを買うお店には困らないし、パン屋、文房具屋、郵便局も徒歩１分。コーヒーの美味しいカフェに軽くワインが飲める店、レストランも選り取り見取り。アパートの斜め向かいにあるイタリアのサルデーニャ料理専門店が気に入っていて、ここのチーズとサルシッチャは外せない。ガレットの美味しいカフェと行列のできるジェラート屋さんもある。食べ過ぎたら公園を散歩するから大丈夫。

お世話になっている部屋の持ち主の名前はパヴェル。性別はおっちゃん。性格はたくましいおばちゃん。幼稚園前の孫娘がいたから65歳ぐらい？　玄関を入った右手の小部屋を改装し、プライベートアパートにして貸している。私は15年来の親愛なるお客さんだ。パヴェルと奥さんは左手にあるもう1つのドアの奥に住んでいる。DIY大好きで、シャワーもトイレも自分でつくったそうだ。もうちょっとお湯が出るシャワーがいいのだけれど、漏ったりはしない。玄関においてある姿見をずらすと、ロフトに上がる梯子がついていたり、この間行ったときは床がウッディーなフローリング調シートに変わっていた。昔ながらのチェコ人らしい暮らしぶり。家で晩ご飯を食べたあと、毎晩ビールを飲みに近くのホスポダ（ビールだけを出す店）に顔を出す。倹約家で部屋においてあるタオルは清潔だけどごわごわ。シーツもテーブルクロスもマグカップもチェコスロヴァキア時代のものを大切に使っていて、雑貨店主の旅行者としてはそれがうれしい。

宿泊の予約が入ると、駅や空港まで迎えにいく。プラハ中央駅ならトラム9番で、空港ならトラムとバスを乗り継いでいく。お客さんの荷物を持ってあげ、プラハの説明をしながら一緒に帰ってくるらしい。慣れているわたしは自分でアパートの下まで来て、外からピンポーンって鳴らすから、タンクトップと短パンで迎えられたりするし、地図のコピーもいらないって言う。なにかお知らせごとがあるときは「知ってると思うけど」と前置きをしてから、地下鉄A線が工事中だとか、明日は雨だよと教えてくれる。パヴェル、世話を焼きたいのだ。いい人なのだ。口癖は鼻から抜けるように言う「フゥ〜ン、フゥ〜ン」。そうそう、みたいな賛成の意味ではなくて、話の先を促す単なる相づちっぽい言い方をする。

蚤の市で買ったものを背負って大荷物で帰ってこようものなら、ちゃんとドアをノックして、見せてくれと入ってくる。玄関を開ける鍵の音で帰宅がわかるらしい。切手か、ふむふむ。グラスか、ふむふむと納得顔。翌日の夜にはパヴェルの飲み友だちが切手帳を1冊持って、わたしに会いにくる。パヴェルと奥さんと切手おじさんと4人でお茶を飲みながら雑談後、ようやくおじさんがスーパーの袋から切手帳を取り出した。中身はお偉いだれかの肖像画の古切手ばかりで、せっかくきてくれたのにゴメンナサイ、となる。そして、ビールでも1杯ご一緒に、となる。ありがたいけど……おもしろいから……まぁいいか。このパターン、ティーセットと、ワイングラスでもあった。タイプライターのときは買わせてもらった。

とっても助かっていることもある。宿泊の予約のメールをするとOKの返事とともに、バナナ箱はいくつ欲しいかと聞いてくる。近くの果物屋に頼んで集めておいてくれるのだ。

読んだ新聞や雑誌、エアキャップなんかも貯めておいてくれる。部屋に2つあるベッドの1つには別の布がかけられ、その上にバナナ箱や梱包資材を並べて、梱包の準備をしておいてくれる。わたしがうれしそうな顔をすると、「グッドラック ウイズ ユー」とパヴェルも満足げな顔。実際、この準備はとても助かるから、パヴェル様様だ。

ちょっと空いた時間や雨の日などは、日本に送る荷造りをする。ポットは出っ張っている把っ手と注ぎ口に注意して新聞紙とプチプチで2〜3重に包む。パヴェル、古新聞をありがとう！ ガラスコップは薄いので、中に紙を詰めてから厳重に。梱包資材をケチって割れたら元も子もない。運送業者の荷物の取り扱いは雑だから、割れものは何重にも包む。新聞のスウドクが途中だけどもういいのね。使わせてもらうよ。チラシや請求書、銀行口座の明細なんかも混じっている。とにかく紙なら使えると置いといてくれたんだ。感謝いっぱい。まだ足りないから、雑誌はページをバラして使わせてもらう……ね？ えっ？これ、ポルノ雑誌や〜ん、それもあからさまなんですが。

パヴェルはおっちゃんだった。使わないでこれだけ残しておくのもはばかられ、アパートのリサイクルボックスに入れた。

パヴェルは帰国の前日に必ず挨拶に来てくれる。明日は早いだろうから見送らないけど鍵はここに置いといてとか、次はいつ来るのかとか。もうちょっと太れとか、お互い元気でまた半年後にといつもの会話。ときどきおみやげにと、自分がつくったきのこのピクルスの瓶詰めをくれるから、パヴェルはやっぱりおばちゃんということに落ち着く。

スーツケースで蚤の市へ

旅に出るときはどんなスーツケースがお好み？　飛行機の荷物の重量チェックがきびしい昨今、荷物が多いわたしは外側のスーツケースはできるだけ軽いものがいい。リモアを使っていて今ので2代目になる。ソフトケースのほうがさらに軽いけど、おみやげのせんべいやお茶の紙箱がつぶれる心配があるので、アルミ製のクラシックフライトを修理をしてもらいながら愛用している。昔は2ホイールがあり、こっちのほうがさらに軽くて良かったのだけど、現在は4ホイールのみになる。

自分の持ちものは少ない。人にアドバイスをするときは、天気の暑い寒いに備えてこんな服装でと言うものの、本人はあまり備えない。持ちものは最低限にして、足りなければ行ってから調達する。それでもスーツケースも手持ちのリュックもいっぱいにして出かける。何が入っているかと言うと、おみやげ、頼まれた食べものや本、梱包資材、カメラやiPadや充電機器など。リラックスグッズとか、機内を快適に過ごす旅の便利品とかは全くない。なにせおみやげが多い。

旅の目的は雑貨の仕入れで、どこの国でも週末は蚤の市へ行く。買う気満々で出かけていくので、運が良ければたくさんのものを手に入れ、それを宿まで運ばなければならない。40リットルの空っぽリュックを背負い、折りたたみ式のキャリーを手に蚤の市をまわる。箱ごとのまとめ買いや、リュックに入らない大きなものはキャリーで運ぶ。でもこのキャリーが曲者で、ゴムで荷物をくくりつけているだけなのでバランスがとりにくく運びづらい。石畳や段差の多いドイツやチェコでは、よくコロを取られて思うように進まないのだ。トラムに乗るときなど近くにいる誰かが一緒に持ち上げてくれてと手伝ってもらうことになるのだが、とても持ちにくそうで申しわけなく思っていた。

あるとき、これは名案だと思いついたのがスーツケース。ドレスデンでのこと、背中にリュック、手にはスーツケースで蚤の市に行ってみた。小さなものはリュックに入れ、割れものは布に包んでスーツケースへ。増えてくると隅っこに寄って荷物を広げ、スーツケースに隙間なく詰め直す。キャリーに比べるとスーツケースは重くても断然引っぱりやすい。運びやすいということは、運ぶことを心配して迷っているものにも手が出せる。よし！　とやる気が出てくる。重いボウル3点セットも、重いカーテン生地も、重くてかさばる3年分をまとめた古雑誌も買っちゃえ、となった。

ちょっと冷静になろうと一旦休憩をし、買いものをした中でも信頼できそうなおばさんの店を拠点にさせてもらうことにした。スーツケースもろもろを下し、店の後ろ側に置くと、おばさんが布をかぶせて隠してくれた。手首を時計があるかのように指して、2時まではここにいるからと言う。いってらっしゃ〜いと送り出してくれた。行ってくるわ、とわたし。背には再び空っぽになったリュック。ドレスデンの蚤の市はとっても広い。

身も心もリフレッシュして軽い。楽になると眼に留まるものが増える。さっきまではためらっていたものも再び買っちゃえとなる。懐具合を確かめ、サングラスなんてかけていられないわ、よく見なくっちゃ。このリュックとイケア袋に入る分までは買ってよしと、蚤の市2周目へ。

こういう気分のときに買うものは、後で見ると誰がこれを選んだのかと思うようなものがある。それはそれでおもしろいし、ものに変化がついていい。新しい出会いは心がときめくし、るんるん顔は運を引き寄せる。めいっぱい買い集め、自分へのご褒美にと古着も手に入れ、アイスクリーム2つを手にしておばさんの元へと戻った。

全部のものを広げて運びやすいように詰め直す。わたしの荷物が気になるのか、おばさんは自分の店のことはそっちのけで、ここにあれを入れたほうがいいと指示をする。強引な詰め方が見ていられなかったのかも。言う通りにしたらヨシヨシと満足げだった。右手にはスーツケース、背中にはリュック、左肩にはイケア袋。総重量はもしかしたら自分の体重よりも重かったかも。ひっくり返りそうになり、おばさんが階段の上まで一緒に持って行ってくれることに。ドレスデンの蚤の市は橋の横の階段を下りた河原に広がっている。

2人で荷物を階段下まで運び、袋を下ろして一旦休憩。

ふぅ〜となったところで声をかけられた。スーツケースはいくら？　と聞かれ、違うと手を振って笑っていると、4、5人の人が寄ってきて、袋の中をのぞき込んでいる。この展開をおもしろがりながら、だから違う違うなんて言っているのだが、そうこうしているうちに首から札をかけた人がやってきた。蚤の市のスタッフで、伝票を見せて出展料を払えと言っているらしい。おばさんが代わりに説明をはじめた。この子の持っている大荷物はここで買ったもので売りものではない。嘘だろう、こんなにたくさんのものを。そんなやり取りのあと無罪放免となり、集まっていた人が散っていった。

私はもうおかしくて仕方なくて力が抜けてしまう。おばさんは身軽そうな男子に話しかけている。彼はさっとスーツケースを持ち上げて、階段の上まで運んでくれた。トラムに乗るときは別の人が積み込んでくれた。下りるときも手伝ってくれた。いろんな人のお世話になりながら宿に帰り着く。ありがたや〜。

日本に送るためにもっと丁寧に梱包し直す。運び込んだものを部屋中に広げて、よくもまぁこれだけの量を、と1日を振り返ると、また笑えてきた。さすがに筋肉痛。調子に乗っちゃいかんと、ちょっとだけ反省した。

ハンガリーの刺しゅう

ハンガリーに行く理由を問われたとしたら、一番に「刺しゅう」と答える。どこが、どんな風にと重ねて問われると、素朴で力強くて温かみのある農民の刺しゅうだから。ハンガリー刺しゅうは、見れば見るほど、背景を知れば知るほど、引き込まれるようなところがある。歴史と風土が混ざり合い、そこに民俗と時代の状況が溶け込んで、誇りとあきらめがバランスを取り合ったところの目に見えるもの、その1つが刺しゅうなんだと思っている。惹かれる理由を簡単に言うと、刺しゅうそのものだけではなくて、その後ろも見ているように思う。刺しゅうをする人にも会ってみたい。

ハンガリーに行きはじめたころは文房具、特にノートに夢中で、そんなに刺しゅうに興味を持っていたわけではない。おみやげ屋や中央市場に並ぶあまりにたくさんの同じような刺しゅうを見過ぎたのだと思う。目に入ってくるのは花のモチーフと決まった色合わせの刺しゅう。お腹いっぱいって感じだった。レース調のミシン刺しゅうのカロチャと、花びらがいっぱいのバラを刺したマチョー、赤と黒のクロスステッチのベレグ。手刺しゅうなのにつくっている様子が想像できなくて、ありふれたおみやげ品だと思っていた。試しに1枚買ってみたけれど、家の中やチャルカの店のどこに飾ってもなじまなくて、やっぱりって感じだった。

ブダペストから少し離れた村に、日本語を勉強しているチャバくんと言う知り合いがいて、彼のお母さんが手料理をごちそうしてくれることになり遊びに行った。これが刺しゅうと仲良くなった記念すべき日。どんな食事だったかは忘れてしまったけど、食後に居間でお茶をいただいた。四角っぽいあっさりとした食器棚やテーブルがあり、ご両親とおじいちゃん、おばあちゃんもいて、棚のおきものに敷かれた刺しゅうが目に入った。あら!?と思い、見せてもらったら、これがへたうまみたいな個性のある刺しゅうでクスッとなった。おばあちゃん作で、確かにモチーフはハンガリーっぽいけどどこかが違う。「ちょとあるといいなと思って、自分好みの色で刺してみた」とおばあちゃん。今まで見たのはピンクや赤がメイン、花と言えばバラとチューリップで、同じ印象のものばかりだった。おばちゃんのは水色と黄色が多くて、マーガレットみたいな花でしかも花ビラがそろっていなくて、やんちゃんな女の子みたいだった。おばあちゃんの雰囲気にぴったりと重なって、それが可愛いと思った。

チャバくんちでビビッとなったわたしは勢いがつき、以来刺しゅうを追いかけることになる。蚤の市で布ものがあると注意深く見るようになった。ピンクが嫌とかバラが苦手とか決めつけないで、ちゃんと見ていると、ときどきつくった人の言葉が聞こえてくる気がする。どんな人柄か伝わってくる気がする。いろんな色の糸を使ってみたくてこうなりました、とか、刺しゅうが楽しくて止まらないの、とか、こんなの余裕で目を瞑っていても刺せちゃうわ、など。「そうなのね、ハイハイ。わかったからね」と、そんな気持ちで、言葉が聞こえた刺しゅうを少しずつ集めていった。ハンガリーに通いはじめて3年がたっていた。

博物館やターイハーズ（※1）で見てきた温かみのある刺しゅうと、自分が集めた刺しゅうが繋がりはじめる。地域独特のモチーフや刺し方、色使いがあり、見ればどこのものか違いがわかるようになってきた。手に入れるときに「これはオールドカロチャ？　それともパローツ？」などと、確認するようになった。刺しゅうの本をめくって、まだ実物を見たことない刺しゅうがあれば、その地域のターイハーズに見に行くこともあった。

マチョー刺しゅうで有名なメゾゥークゥヴェシュドの野外博物館の1つ、刺しゅうの家でゆっくりと話を伺ったことがある。そこの女性は英語の教師をされていたそうで、英語でわかりやすく語ってくださった。印象的だったことが2つ、次のようなお話だった。

マチョーはハンガリーでも寒く貧しいエリアで、出稼ぎに行く人が多かった。農作業のある春から秋まで、家を離れる心の拠りどころとして、故郷の刺しゅうを身につけたり持って行ったそうだ。

豪華な服や革の靴は買えないけど、手織りの生地や自分で縫った服に刺しゅうをして飾ることはできる。冬の長い夜や作業の合間に少しずつ、数ヶ月から何年もかけて刺しゅうをする。スカートの上につけるエプロンやベストなど、外側に身につけるものは、下の生地が見えなくなるほどびっしりと刺して重く、華やかにする。本当に豪華な刺しゅうは絹や金糸銀糸が使われるけど、昔のマチョー刺しゅうは農民でも手に入れやすい綿糸が使われた。娘さんは自分のために、お母さんやおばあちゃんは、息子や家族のために刺しゅうをして晴れ着をつくった。日曜日に教会に行くとき、祭りのとき、冠婚葬祭のとき、その晴れ着は、着ている人にたっぷりの愛情と自信と誇りと自分らしさをもたらしたことと思う。

この先生のお話に胸が熱くなって、刺しゅうと衣装への興味がもう一歩深まり、背景の話を知りたくなった。英語で読める本はないかと探したら『Peasant Embroidery（農民の刺しゅう）』という本が見つかり、四苦八苦して拾い読みをした。

本は知りたかったことを教えてくれて腑に落ちた。散らばっていたあれこれが1ヶ所に集まりはじめる。刺しゅうをいっぱい持ってる人を紹介されたり、ハンガリーのふるさとと言われているルーマニアのトランシルヴァニア地方にご縁ができたりもした。訪ねたいと思いつつまだ行けていないクロスステッチ刺しゅうのエリア、ベレグに行ってみよう。

ふと思った。あれ？　背中を押されたり、手を引っぱられたりしてないかい？　このころのチャルカはハンガリーに気に入られているんじゃないかと思った。

※1＝ハンガリー語で地域の民芸の家のような意味。たいていは古い家をそのまま使用し、その土地ならではの暮らしの中の民芸品や衣装、家具、道具などを保存・展示している。村の小さな博物館のようなもの。

キヨフの祭り

祭りはいいねぇ。チェコのモラヴィア地方、南東部の町「キヨフ」では4年に1度、民俗の祭典のようなフォークロアフェスティバルがある。近辺の町や村の人たちが民族衣装を着て集い、熱くて華やかな祭りとなる。

それは8月の第2日曜日の数日前からはじまる。金曜日のお昼、町の中心の広場に人が集まってきた。年嵩のおばあちゃんが腰を折り曲げ、握った手から白い砂のようなものをサラサラとこぼしながら地面に模様を描きはじめる。それはモラヴィアの家の壁や民族衣装で見たことのある模様で、お祭りの無事を祈る儀式のようなものだ。

次に男たちが広場の真ん中に棒を立てる。大人たちは何十メートルもある長い長い棒を、子どもたちは小さな棒をそれぞれ担う。これは「マーイ」と呼ばれる祭りのシンボルで、常緑樹を切り出して枝を払って皮を剝ぎ、てっぺんに少しだけ枝を残してリボンや紙の花で飾りつける。大人が立てるマーイは数本の樹を繫ぎ合わせていて、広場の周囲の建物より高くなり、祭りの間じゅう遠くからでも見えるようにと堂々とそびえ立つ。そんな長さの棒を立てるのはなかなか大変。マーイを用意するのも大変。参加している何十の町や村が持ちまわりで準備する。選ばれた村の男衆が何十人もかかって、何度にも分けて地面に寝かせているマーイを起こしていく。テコの力を使ってグイッ、グイッ。下の太い部分は地面に刺すようになっている。力と息を合わせて、大勢で引っぱったり支えたりしながら少しずつ。そのまわりには見守るように応援部隊がいて、酒を飲みながら唄い、踊り、囃し立てて盛り上げる。ちょっと斜めになってるぞ、とか、おいおい、そんな調子だと夜になっちまうぞ、とか、きれいなお嬢さん方が見ているからふんばれ、とか。2時間だったか3時間だったか、やがて30メートルはあろうかというマーイのてっぺんのリボンが空にたなびきはじめる。子どもたちのマーイも立派に立っている。

大きな仕事が終わったらあとは存分に飲めや歌えの騒ぎとなる。おじさんたちは首から小さな袋を下げていて、中にはマイミニグラスが入っている。お酒をどうぞとすすめられたらマイグラスを取り出して入れてもらう。それはアルコール度数の高い果物の蒸留酒かワイン。クイッと飲んだらお返しですすめ、振る舞って、振る舞われて、歌声はどんどん大きくなっていく。そんな人たちの間に入って写真を撮らせてもらったり、きれいな衣装を近くでまじまじと見せてもらっていると、旅行者にも酒がまわってくる。ちょっとだけ入れてねと言ってもなみなみと注がれ、飲むのを待っているので、えいやっと飲み干すと、自家製のプルーンの蒸留酒で美味しいけどケホッとなる。おじさんたちに拍手をされ、なぜか褒められる。この祭りに3回行って学んだので、次回はそろそろマイミニグラスを首から下げて持っていようと思う。

翌日の土曜日、この日はなにがなんでも晴れて欲しかった。広場に手工芸家たちの市と食べものの屋台が並ぶ。ある小屋ではおばあちゃんチームが木の道具を使ってバターをつくっていたり、衣装を飾るリボンやレースを売っていたり、帽子に飾る羽や花冠もある。革製のベルトに模様を彫る人もいるし、細かいダーツがいっぱいのブラウスにアイロンをかけている人は仕立て屋さん。お客さんが並んでいるのは卵に絵を描く人の屋台で、イースターにちなんだ絵もあるし、伝統的な花や蔓のモチーフも人気だ。昔ながらの農作業の様子を道具を使ってみせてくれたり、子どもたちのグループがフォークダンスを披露したり。広場のあちこちで音楽が奏でられ、美味しい匂いが立ちこめ、見るのと食べるのと写真を撮るのでいそがしい。

お昼を過ぎたころから人がざわざわしはじめる。祭りの最大イベント、パレードがはじまるからだ。広場はゴールポイントで、そこから1キロほど離れたスタート地点に行ってみた。馬車に乗った子どもたちやおじさん、男女ペアの踊り手歌い手、赤ちゃんを抱っこしたお母さんやお父さん。楽器を持った人、馬にまたがった人、山車を曳く人、ただ歩く人。人も馬も山車も、手にしている道具や飾り類も、みんなが最高に着飾っている。自分の出身の村や町の民族衣装を身につけた人たちでごった返していて、踊る練習をしたり、飲んだり、写真を撮ったりしながら歩く順番を待っている。十数人の小さな団体もあれば、100人近い大所帯もあって、もう大変。先頭の人が村の名前を書いたプラカードを持ち、馬車や人が続く。時々立ち止まって、1曲披露したり、フォークダンスを踊ったりし、少し歩いてはまた歌ったり。頭から足先までフルの衣装で、華やかなことこのうえない楽しそうな人たち。それを歩道で見守り、涙ぐんだり誇らしそうな顔で盛大な拍手をしているお年寄りたち。

衣装は村によって特徴があり、刺しゅうも色の組み合わせも違う。帽子も違うし、ベストの形やスカートの丈、襟や袖も全部違う。古い衣装は信じられないぐらいの手のかけようで、レースも刺しゅうも豪華な手仕事。若者が成人するときには、新しい衣装一式を用意する家庭もあるが、もう昔のように全部を家でつくれなくなっていて、そんなときは専門の仕立て屋に注文するそうだ。

パレードの最後尾が広場に入ったら騒ぎは一旦落ち着き、家族や友人たちと記念撮影をしたり、屋台を見に行ったりと散っていく。この日の夜は町のどこへ行っても民族衣装を着た人たちで溢れていて、歌声があちこちから聞こえていた。

日曜日は祭りのフィナーレ。王家に縁のあるおつきの人たちが馬に乗って広場に駆けこんでくる。続いて守られるようにしながら、バラを口にくわえて王女のなりをした王子がやってくる。王子が無事に到着すると勇気ある従者が讃えられ、モラヴィアの地がますます栄えますようにと締めくくられる。

このあとは馬に乗った従者たちが、忠誠の言葉や、村や人々に喜ばしいものがやって来るようにと口々に唱えながらゆっくりと町の中を練り歩く。その言葉は詩のようだったり歌うようだったり。よく聞いているとハンガリー語が混じっていて、口にしている人も正確な意味はわからないと言っていた。祭りのための言葉をまるごと覚えるらしい。モラヴィア地方は、かつてハンガリーだった時代があり、その名残りかもしれない。華やかな祭りの中に東欧の歴史をチラリとのぞいた瞬間だった。広場から徐々に人がひき、次は4年後の開催となる。

※祭りの名前は『Slovácký Rok v Kyjově』と言い、次回は２０１９年8月15日〜18日の開催となる。
www.slovackyrok.cz

カーロイ一家を訪ねて、ルーマニアへ

ハンガリーの蚤の市には、ルーマニアから国境を越えて商売に来ている人たちがいる。たいていの人は、古い織りものや刺しゅう、服、絵皿や壷を広げていて、似たような品揃えだ。ペーチで出会ったカーロイさんもその1人で、月に1回、トランシルヴァニア地方のシク村から車で約8時間かけてペーチの蚤の市にやって来る。古いものはもちろん、カーロイさんは新しい織りものもたくさん持っているし、サイズやちょっとした模様や色なら注文に応じてつくってくれる。白の手織り生地で大きめのしっかり覆えるベッドカバーをとか、丸いダイニングテーブルに白生地でちょうどのサイズ、ふち編みだけ赤でとか。ペーチから近いクロアチアや、たまにはイタリアからも注文があるそうだ。

今でも手織りをする人がいると聞いて驚いた。手間がかかって大変だろうに。そうだけど、手織りのほうが風合いがあっていいだろうと、どこか自慢げなカーロイさん。横にいる奥さんのシャーリーが「とてもきれい」「とても働く」「手織り」とハンガリー語で教えてくれた。

個人的に好きなのはやっぱり古い布。細かい仕事が施されていたり、洗濯されて何度も水をくぐった布ならではの風合いがあり、新しい生地とは表情が違う。繕いや擦り切れた箇所も含めて古布に惹かれる。でも、古いものはいくら好きでも意図して古くするのではない。だから今でもつくり続けていて、手旗織りが仕事として成り立っているのはすごいことだと興味を持った。

聞いてみると、カーロイさんの村には手織りをする女性がいて、材料を渡して織ってもらっているとのこと。複雑すぎてもう誰も織れない模様もあるけれど、新しく考えたオリジナル模様を織る人や、伝統柄が得意な人も数人いるらしい。

彼女たちが織った布を集めてあちこちの市に売りに行くのがカーロイさんの仕事。特別な注文が入ったらそれを伝え、時間はかかるけどぴったりの1点ものが仕上がるというわけだ。伝統的な織りものには赤と黒が多く使われているけど、カーロイさんが持っている布は、青や紺がポイントになっていたり、全部白で上品に仕上げている。話を聞いて、つくっているところを見てみたくなった。昔ながらの民族衣装を着たおばあちゃんたちもいるし、シャーリーのご飯は美味しいから、泊まりにおいでと誘ってくれる。長い休みがとれるときに行くからねと、会うたびにそんな返事をして数年がたつ。

ある年の春先の市で会ったシャーリーは全身黒の服を着ていて、喪服とわかった。お母さんが亡くなったそうだ。横のカーロイさんが「シャーリーのお父さんは元気。僕の両親も80歳を超えているけど元気。みんなが元気なうちに早くおいで」と言われ、本気で行く気になった。

ガイドブックを見ていると、シクは伝統文化が色濃く残る村として小さく紹介されている。最寄りの大きな街はクルージュ・ナポカ。そこまでは行ったことがあるけど、シクまで行くには車が必要。わたしの遠出の旅の相方であるチェコの友人と相談して、夏に2週間の休みをとって行くことにした。

2007年8月のこと、欲ばりな2人が立てた計画はフォークロア三昧の夏休みの旅。

チェコのキヨフで開催される4年に1度のフォークロアフェルティバルで週末を過ごし、祭りが終わるとすぐにハンガリーに向かう。ブダペストは寄り道せずにルーマニアのクルージュ・ナポカまで行き、ここを拠点にシクや他の村もまわって、刺しゅう、織もの、民族衣装を訪ねることにした。もう楽しみで楽しみで、お盆の高い飛行機代だってへっちゃら。前に手に入れておいたルーマニアの地図をめくっては道を辿り、「行きます!」とカーロイさんに葉書を出した。

友人の車でチェコを出発し、キヨフのお祭りで3日間を過ごしたあと、一目散にハンガリーへ。国境を越えてルーマニアに入ったオラデアからカーロイさんに電話をした。電話に出た女の子は早口の英語でこう言った。「アー　ユー　イン　シク?」一瞬病気かと尋ねられたのかと思った。「まだオラデア」と答えると、「わたしは義理の娘のベティよ。早くいらっしゃい。みんな待っているわよ」と言ってくれる。英語の話せる人がいたほうがいいだろうと、カーロイさんの息子のカルロスくんの嫁、ベティが呼ばれているらしい。もう1人の息子のマルティンも、シャーリーの妹も、カーロイさんのお父さんとお母さんも集まって待っているわよとちゃきちゃきの英語で言われ、そんな大事になっていたとはつゆ知らず。

ルーマニアの地図には記号が書いてある。例えば、チューリップはフォークロア、クロスは教会、長方形は古い木造の建物。チューリップマークのある場所を片っ端から見るつもりだったけど、それはあとからにして、その日はクルージュ・ナポカまで行って泊まることに。ベティには明日の午前中に行くと返事をした。せっかちベティはOKと即答して電話を切った。

ナビなんて持ってなくて頼りは地図。クルージュからシクへの道を地図を辿り、国道をまっすぐ行き、ここで右に曲がって細い道に入り、ローカル田舎道をひたすら行き、なになに村の手前で左に曲がって、みたいな感じで道順を練習してから出発。国道を走って右に曲がり、田舎道になったとたんに地図を恨むことに。道はあるような、ないような。舗装されていないでこぼこ道を、たぶんこっちだろうと進む。出会うのは牛飼いと牛たち。大きな水たまりを避けて進んだ先には大きな牛の糞があり、どっちを踏むかみたいな選択肢。これであっているのか不安になる。電話したくても電波がない。郵便配達の人に出会い「シク」と言って前方を指差すと「ダー（はい）」との返事で、これであってるんだとゆっくり進む。羊飼いと羊の群れに会い、車を羊に囲まれて動けなくなり、犬に吠えられながら羊のご一行様が通り過ぎるのをじっと待った。羊飼いに道を聞き、すれ違った馬車のおじさんにも確認し、ようようシク村に着いた。

クルージュから1時間と聞いていたけど3時間かかった。村の入り口にはりっぱな木の門があり、シク（ルーマニア語）とセーク（ハンガリー語）の2ヶ国語で村の案内が出ていた。出会う人にカーロイさんの住所を見せ、あっちだこっちだと指差して教えてもらいながら辿り着いたカーロイ家。門の前で「こんにちはーーー」と呼ぶと、だだだーと数人が出て来てくれて、なぜか感動の再会みたいになった。遠まわりだけど舗装されたいい道を走れば1時間、近道だと思った道はバイクはオーケイ、車はノーと大笑いされた。よく来たねぇ、と。

シャーリーの用意してくれたお昼ご飯は噂通り優しい味で美味しく、旅の途中の憩いの食事となった。午後からはカーロイさんとベティと一緒に村を歩いた。織ものをするエルジィの家、刺しゅうをするロージャの家、お隣のカティはブラウスを仕立てていて、帽子を編む人の家にも行った。昔ながらの家に住んでいる人も多い。トイレは家の外、鶏が庭を走りまわり裏の畑には野菜が育ち、家の前にはブドウの木。わたしが行ったのは8月。庭には赤のダリアやヒャクニチソウがたくさん咲いていて、緑の門に映えて村人の赤い民族衣装とともにシクは赤の印象になった。

カーロイ一家と一緒だったからかもしれないが、会う人たちと普通に挨拶をかわし、写真を撮らせてもらった。村人の会話はハンガリー語で、村の中ではハンガリーのフォリント通貨も使えると聞き、ルーマニアとハンガリーの歴史的な関係を思い出した。外国人に慣れていらっしゃるのか、そうそう珍しがられることもなく、教会や墓地、昔塩が採れていた遺跡にも案内してもらった。ここに来るまでは、せっかくだし古い布ものでいいのがあれば買いたいと言う気もあったけど、不思議と物欲がなくなってしまい、村で焼いているパンを買って食べたり、村の男性みんながかぶっている帽子を買ってみたりで終わった。2泊させてもらい、友人とわたしは、とてもとても満たされた気持ちでシク村をあとにした。

旅先でひょっこり出会う日本

東欧への旅はほとんどいつも1人。3〜4週間のことなので、日本食が恋しくなることもなく、日本語が話したくなることもない。その土地のものを美味しくいただいているし、硬水のミネラルウォーターも好きで（日本は軟水）、なんちゃって英語と片言現地単語でなんとかなっている。

旅先では雑貨を集めるのが仕事だから、パソコンに向かうこともほとんどなく、どちらかと言えば肉体勝負。よく歩きよく食べ、ストンと寝て目覚める。体調は日本にいるときよりも良く、自分の身体と人格が現地仕様にスライドしているように感じる。

プラハのパン屋でのこと。店員のお代の金額が1回で聞き取れ、「ここで食べます」となめらかにチェコ語で返事をした矢先、知っている言葉が続いた。「ムラカミハルキワザンネンデス」。ああ、その話題かと理解し「ワタシモザンネンニオモイマス」と返した。

こういうときの日本語ってどうして外国人に合わせてしまうのだろう。日本語がギクシャクしてしまう。

日本語が話したい外国人、結構いらっしゃると思う。日本人を見かけたらついつい披露したくなるらしい。ベルリンのスーパーマケットでのこと。お惣菜コーナーを物色していたら、細巻き寿司の詰め合わせがあった。海苔の黒にビビッドなオレンジ色が映え、丸や長方形がきっちりと並んでいてオブジェのようだ。寿司ってかっこいい。などと思いながらしげしげと見ていると、横から「トビコロール」と声がかかった。ビのところにアクセントを置いて言ってみて。日本語には聞こえないから。意味がわからなくてキョトキョトしていると「トビコワサカナノタマゴデス」と続いた。そっか、「トビコは魚の卵です」と言われたとわかり、「はい、そうです」とわたし。声の主は大荷物を持った学生らしき女の子で、ニコニコとうれしそうな顔をしている。「ワタシワジュジュツヲナラッテイマス。センセイワニホンジンデワアリマセン」。人懐っこそうな可愛い女の子で、呪術と聞いて薬草の研究でもしてはるのかしら、と思った。白い長いお髭のおじいさんから手ほどきを受けている様子まで想像した。わたしのほうが口数が少ないな、なにか気の利いたことでも、と考えてる間に、ナゴヤニイッタコトガアリマスと続く。日本語が上手ですね、と返し、食べてみようと思っていた寿司のことをすっかり忘れて話しながらスーパーを出た。帰りの道すがら、柔術のことかと得心。そう言えばドイツで合気道とか柔術をやっている人にちょくちょく出会う。蚤の市で道着を売っているのを何度か見かけたこともあるので、そんなに珍しくないのかもしれない。そして、日本で柔術をやっている大人を全く知らないけど、呪術らしきことをしてそうな人は知っている。

旅先の日本と言えば、漢字Tシャツもおもしろい。数々のヒット作に幾度となく笑わせていただいた。写真を撮らせてもらわなかったことが悔やまれる。文字数ごとに傑作を発表することにしよう。

1字部門は『怒』。あと『私』。どちらも大きく一文字。
2字部門は『幸幅』。おしいで賞もあげたい。
3字部門は『亜弐女』。アニメ好きの女性限定、二じゃなくて弐なのがしゃれている。
4字部門は『読売新聞』。画数の多さに高尚な感じが漂う。

5字部門の1位はぶっちぎりで、後にも先にも一度きりの眼福だった。では、発表します。『座骨神経痛』です。どうしてこの5文字だったのでしょう。カクカクとした字面にたまらなくアートを感じたのでしょうか？　もしかして持病に座骨神経痛をお持ちだったとか？　誰かと一緒に笑いたくて、このときばかりは一人旅を寂しく思ったのだった。

東欧にEU変化の波が来た

あこがれだったユーレイルパスを手にしてヨーロッパを旅したのは26歳のとき。仕事が変わるタイミングで友人と旅に出た。航空券とユーレイルパスがあれば移動の大部分はメドがたつ。あとは安い宿と節約ご飯代、少しのお小遣いを持ってバックパックで出発。2ヶ月弱の日程で、ポルトガル以外の西ヨーロッパと北欧に行った。駆け足で10ヶ国ぐらいまわったように思う。国が変わるたびにパスポートコントロールがあり、通貨が変わり、それが旅らしくもありつつ面倒な時代だった。

1999年1月にEU加盟国にユーロが導入され、フランスのフラン、ドイツのマルク、イタリアのリラも消えていった。チャルカをはじめたのが1999年9月。行き先のチェコやハンガリーがまだEUに入っていなかったので、EU通貨統一の実感はあまりなかった。2004年、ついに両国がEU加盟。さらに2007年、シェンゲン協定（※1）に入る。2019年1月現在、チェコもハンガリーもいまだに正式にはユーロを導入していないけれど、使おうと思えば受け取ってくれる店がけっこうあるし、外国人とみれば値段をユーロで言う店もある。

シェンゲン協定のおかげで国境でパスポートコントロールを受けることもなくなった。ドイツ→チェコ→スロヴァキア→ハンガリーと1本の列車で、スルスルと移動できてしまう。車内アナウンスを聞いていないと、国が変わったことに気づかないこともあるぐらい。検察の時間がかからなくなって楽ちんな一方、旅感が減ってしまって旅行者には少々残念。でもやっぱり、近隣国の住人にとっては、人もものもスムーズに流れて便利なことと思う。

チャルカが東欧へ行く目的は、日本とは違うテイストのものを探しに行くことにある。

そんな目線で見ると2004年を境にして大きく変わった。チェコらしい、ハンガリーらしいと感じていたものが減り、旧ソ連や社会主義時代の旧式の車が姿を消しはじめ、人々の洋服や持ちものがすっきりとした。塩味が効いたボリューミーで腹持ちのよい食べものがライトになりはじめ、パサパサだったパンがしっとりしたりサックリしたり。トルココーヒーかインスタントコーヒーだったのが、エスプレッソマシーンが普及し、エスプレッソとカプチーノになった。古い建物が壊されてショッピングモールに。そして「made in EU」と書かれた商品を見かけるようになった。

あんなに気に入っていたハンガリーの小学生用のノート。中身の線の種類が小さく書かれただけのシンプルな表紙と、中紙は消耗品らしいザラザラのリサイクル紙。まったく子どもに媚びていないところが小気味良く、ひと目でハンガリーのノートとわかったのに。それがどこかの国のキャラクターが表紙を飾るようになり、中紙は白くてツルツルに。ドイツから技術提供を受けてつくっているらしく、ドイツの文具メーカーのロゴが入っている。

チャルカはチェコやハンガリーから、ノート、ポストカード、チケットや伝票、包装紙、紙ナプキンやコースター、紙袋などの紙類を仕入れていたので、好きだった紙質が変わっていくのが残念で仕方なかった。ずっと扱ってきた東欧のアジのある紙（※2）、これが急激に減りつつあり、近いうちになくなってしまうのが目に見えた。危機感が募る。でも今なら地方の文房具店や問屋の片隅を探せば、残っているところがまだありそうな気がする。新しいものに入れ替わってしまうギリギリのタイミングだ。今のうちにできるだけ集めることにした。

チェコのイエローページやインターネットで文房具やオフィス用品の問屋を調べ、行けそうなところをピックアップした。品名や品番で在庫を問い合わせても、同じ品名品番でマイナーチェンジするのだから意味がない。新しいのが出てきてしまう。モラヴィア（チェコの東部）のほうがありそうと当たりをつけ、友人に車を出してもらって何度かに分けて問屋をまわった。古いタイプのノートや包装紙のサンプルを持ち歩き、newじゃなくてoldが欲しいのだと探しまわった。ノートが数百冊見つかることがあれば、たった数冊のこともあるけど、コツコツと集めた。大判の梱包資材用のラフな紙も船便で日本に運んだ。

2005〜2007年の間は、本の取材と買いつけで1年間に3〜4回も行っている。いったいなにに取り憑かれていたのだろうと振り返ってみると思うけど、当時はアジ紙(※2)のノートと薄い包装紙と目の粗い梱包用の紙を集めることに夢中になっていた。

集めたのはチェコの昔からある素っ気ないノートいろいろ、入場券やクローク券、ミールクーポン、領収書、納品書、給料袋、版ズレしまくりの紙ナプキン、薄すぎて機械に入らず手張りされた紙袋、ダンボールや新聞が混じっているとわかるぐらいの粗いリサイクル包装紙。ハンガリーのノートのメーカーでは宝ものが見つかった。ドイツが関わる前の小学生ノートで、表紙や背が日焼けしていて売るつもりのなかったもので、3種類で5000冊買った。もう誰も欲しがる人はいないだろうと、倉庫の一番奥の下敷きになっていたのを出してもらい、ノートは処分できて助かるけど取り出すのは大変だったとお礼と文句を言われる。品番がもう削除されていて伝票が印字できないとか、そんなエピソードもついてきた。船便で日本に送り、チャルカの倉庫がいっぱいになり納得した。アジ紙探しはここまで。ようやく惜しむ気持ちに折り合いがついた。

手芸系のもので同時期に探しまわったのは、フォークロアアーティストのチロリアンテープ、昔ながらのプリント模様の生地、ボビンレース調の機械レース。濁った色のプラスチックのボタン、ガラスボタン、糸ボタン、刺しゅう糸、針のセット、子ども用のダサ可愛いミニハンカチ、トリコロールの麻ひも。好きだったこれらも、新しいデザインになったり生産中止になっていった。

1989年に社会主義が終わりを告げ、体制が変わっても社会は急には変われなくて、行きつ戻りつしていたのが2000年代のはじめまで。新しい時代にすぐに馴染めなくて、それでもなんとなく続いていた会社やそこで働く人たち。それに大量に持ち過ぎていた在庫や新しい工夫をしなかった商品。どうにか保たれていた昔と今のバランスが、EU加盟あたりから力の強いほうに傾いていったと思う。変化は悪いことではないはず。チャルカもなくなったものを惜しんでいるばかりではいけない。これからは新しい古いで判断しないこと。思い込みをリセットして新鮮な目でものを見てみようと思った。

3年間ほどかかって5000冊のノートは無事に完売し、溜め込んだチケットや伝票類も全部なくなった。また入れて欲しいとの声をいただくことが今でもあるけど、もう存在しないのだからそれは叶わない。アジ紙包装紙や梱包用の紙は、レポートパッドやノートの中紙にしたり封筒にした。こうして大量にあった旧時代の名残りの文房具や紙たちは、何年もかけてチャルカから日本のあちこちへとちらばっていった。

このころには東欧と言う言葉がずいぶんと定着してきたように思う。懐かしい、温かい、クセのある可愛さ、伝統工芸や手仕事、丁寧な暮らし、そんなキーワードとともに知られるようになり、東欧雑貨のお店が増えてきた。

「東欧を旅する雑貨店チャルカ」と名乗らせてもらって10年が過ぎた2009年。変わっていく東欧の国々。それでも好きなところはいっぱいあるのだろうか？　もう一度ゆっくり旅をして、見つめ直したくなった。

※1＝ヨーロッパ内の国で国境の検査を受けることなく人やものが行き来できる。旅行者にとってフランスとドイツ間の移動のようなシェンゲン協定国の間は国内移動の感覚になる。

※2＝アジのある紙、アジ紙。チャルカではザラザラとした手触りのある紙や、日焼けで変色した紙、ニュアンスのある紙、古い紙を、味わいのある紙が好きという気持ちを込めて、アジ紙と呼んでいる。

文を受けることにした。その会社の売り方は、最初に1つ写真を撮ってカタログをつくり受注。その後約半年〜1年以内に納品みたいなシステムで、ポイントは最初の写真と半年後のお届け品が同じものでないといけない。そんなことが対ハンガリーでできるかと思ったけど、おみやげ屋のおっちゃんは「OK、ノープロブレム」を連発するし、ハンガリーと仕事ができるのがうれしくて、よし、それならばとやる気になった。

それでも用心して、実際の必要数より3割増しで注文して、納期も余裕を見て、しょっちゅうおっちゃんに連絡を入れて「大丈夫？」「大丈夫だ」、「順調？」「順調だ」を繰り返し……ようやく届いた大荷物を開けた。

確か5箱ぐらいあったと思う。検品していたスタッフからキャーキャーと声が上がりはじめ、なにかあったんだと気を引き締めて見せてもらった。ソルトの穴の数が違っていたり、きのこの軸の足下の草が軸が隠れるぐらいぼうぼうだったり、芝刈り後のように短く揃っていたり。ポルチーニ風はどう？と黄色のかわりに茶色にしてみたり。そんなB品を外していると3割の予備があっと言う間になくなり、注文数に応えられるかギリギリっぽい。そう言えばチェックするのを忘れていたときのこをひっくり返すと、そこには「HUNGARY LOVES CHARKHA」と黒々と書いてあった。これには思わず笑ってしまい、相思相愛だーと盛り上がってOKとした。どうしてこんなことになるんだろうね。

ハンガリー製のきのこ雑貨の秘密

ハンガリーのおみやげ屋さんで見つけたきのこの形をしたソルト&ペッパー。傘は赤くてベニテングダケ風の白い点々があり、軸は白で足元に緑色で草が描いてある。軸のふくらみ具合や全体のバランスが独特で、そこにハンガリーらしい茶目っ気を感じて、チャルカで売ってみようと注文をした。傘の色は赤と黄色の2色で、赤がソルトで黄色がペッパーのセットだったと思う。底に「CHARKHA LOVES HUNGARY」と書いてもらうことにした。ハンガリーらしさがよいほうに転がりますように。

ドキドキの1回目の納品、多少の汚れなどはあるけど悪くない。なにせ手づくりなのでペイントの仕上がりなどちょっとずつ違う。それぐらいは想定内の許容範囲。穴に針を刺してちゃんと貫通しているか1つずつ調べた。底の文字も間違えずに書いてある。やればできるんだと感心した。ちょうどそのとき、ある会社からハンガリー雑貨を入れたいとのお話があり、まとまった数の注

第4章

旅、雑貨を探すことの疑問

東欧の好きなものが減り、
旅にも疲れてきたころに思ったこと

調べ直す旅

ハンガリーにはたくさんの刺しゅうがある。地方によってそれぞれ特徴があり、刺し方、モチーフ、色使い、素材などからどこのものかわかる。博物館で見たり、蚤の市で買ったり、遊びに行ったお家でいただいたりしているうちに集めるようになった。地方の名人を訪ねて作品を見せてもらい、ステッチを教えてもらったりもした。気づけばわが家にはトランク2つ分の刺しゅうがあるし、手工芸にまつわる知り合いもできてきた。夜にトランクの刺しゅうを出してきて、眺めたり撫でたりを繰り返しているうちに、ハンガリー刺しゅうのことをまとめてみたいと思うようになる。

そうなるとどうしても訪ねたい場所がある。ハンガリー北東部のベレグ地方で、クロスステッチが有名なエリアだ。ウクライナとルーマニアに国境を接するベレグは、日本では情報がほとんどなく、近くのデブレツェンまでは行ったことがあるけどそこから先はムニャムニャ程度。次の旅では、刺しゅうのために2週間ほどとってベレグに行きたいし、もっとたくさんの刺しゅうを見てみたい。

『チャルカと一緒に東欧雑貨を探す旅』と題して、年に2度ほどのペースでツアーをさせてもらっている。自分が行って良かった店や蚤の市を案内したり、お祭りや季節のイベントに合わせて行ったり、刺しゅうの名人や知人宅を訪問して手料理をいただくこともある。企画はチャルカ、催行は旅行社で、行き先はドイツ、チェコ、ハンガリー、ルーマニアの中からその時にあったテーマで1ヶ国か2ヶ国。同じような日程でも内容をちょこちょこと変えている。

ツアーの参加者はリピーターも多くて、「ブリガリアのバラ祭りに連れて行ってくださ い。民族衣装が可愛くて見てみたいけど、自分ではなかなか行けないから」とか、「ルーマニアの10月の大きな市にどうしても行ってみたいけど、アクセスが難しいのでツアーになるのを待ってます」とか、企画してみたくなるようなうれしいリクエストをいただくことがある。今まで聞き流してきたけれど、2回、3回と参加してくださる方もいらして、新しい内容を検討したいなと思いはじめた。東欧の今の雑貨もじっくりと見直してみたい。

そんなわけで、2010年5月～7月にかけての2ヶ月間の旅は、雑貨を探すことよりも、実際に見たり調べたりすることに集中した。ブルガリアのバラ祭り見学、ハンガリーの刺しゅう、特にベレグを掘り下げること、そのあとは前から行ってみたかったクロアチアのプリトヴィツェ湖群国立公園で自然三昧のご褒美の1週間。そんな予定で、日本の梅雨から脱出できて万歳と出発した。

5月末、チャルカツアー出発。チェコ&ドイツの雑貨探しと蚤の市を巡るツアーが終わり、参加者のみなさんは帰国。そこから別れてわたしは一旦チェコへ戻り、リュック1つで身軽になってブルガリアへ。宿や移動のことを考えるとバラ祭りはツアーのほうがいいと聞き、日本からのツアーに現地参加させてもらってバラ祭りを見に行った。ブルガリアでは以前に貴重品一式を盗られて凹んだことがあり、へっぴり腰にてカザンラクへ。

なんと、バラ祭りは日本人ばかり。パレード見学ではVIPと書かれた札が渡され、関係者各位の隣りのいい場所にVIP席が用意されていた。地元の人はその後ろや横から見ている。あまりに観光客対応が良すぎて少々興ざめ。お祭りのパレードを離れて、ブルガリアンローズが栽培されている畑を見に行ったら、ブルガリア人ではなくもっと肌の浅黒い労働者風の人たちがバラを摘んでいて、見てはいけないところを見てしまったような気になった。バラの花冠の可愛い女の子や、衣装を着て馬車に乗る人たちのきれいな写真が撮れたけど、地元のお祭りというよりはイベントのように思われた。記念に刺しゅうのブラウスを1枚求め、翌日には首都のソフィアへ移動。宿の近くを散歩していて見つけたお菓子屋さんに入り、バラが咲く中庭でバタークリームたっぷりのケーキを食べていたら「パニ（女性に対する声がけ、マダムとか奥さんのような感じ。チェコ語と同じ発音）、もう1杯コーヒーはいかが？」と呼びかけられ、そう言えば「こんにちは」の発音も近いなと思った。知っているチェコ語に似ていると言うだけで気が軽くなる。すすめられるがままにコーヒーをおかわりした。子どものころに食べたような、なつかしい味のケーキとコーヒーにほっこりとし、おかげでブルガリア苦手意識を手放すことができた。今回の旅の1つ目のミッションを終えて、翌日プラハに戻った。

チェコにいる10日間にハンガリーでやりたいことを整理し、依頼や問い合わせのメールを送った。このとき頼りにしたのは3つ。ガイドブックのロンリープラネット→ベレグ地方のオリエンテーションが載っている。ブダペストにある民族博物館↓ハンガリー刺しゅうの全体的な話を聞いてみたくて直接行くことにした。ハンガリーの美術館や博物館の情報をまとめたサイト（※1）↓見たい刺しゅうのエリアのターイハーズの開館日や時間などをチェックした。ハンガリーは2週間の予定。具体的な日程は最初と最後だけ決めて、どこかが長くなったり短くなっても大丈夫なようにしておいた。今、知りたがっているわたしの気持ちに、ハンガリーや刺しゅうは応えてくれるのだろうか？

最初に民族博物館へ行った。ここの展示が大好きで、ブダペストにいる間に毎回立ち寄る。何回見ても新しい発見がある。受付で用件を言い、ハンガリー語が話せないので英語でとお願いすると、秘書の女性がとても親切に対応してくれた。ハンガリー刺しゅうについての簡単な説明のあと参考文献をあげてくれて、さらに刺しゅうと織りもののスペシャリストが2名いるので、直接メールをしてもらって問題ないとアドレスを教えてくれた。本もスペシャリストもハンガリー語のみで、ちょっとクラッとしたけど、本は見るだけでもいいし、専門家の方は深い話が必要になったときの支えにと、ありがたくメモをいただいた。

ベレグはロンリープラネットに書かれているルートをたどることにした。列車でブダペスト→ニーレジハーザ→ヴァーシャーロシュナメーニィと行き、ここを拠点に近隣の小さな村々の刺しゅうをする人に会いに行く。問題は交通手段と言葉で、村と村は歩いて行ける近さではないし、バスは朝夕に各1本ずつ。しかもこの人に会いたいと言う具体的なことがわからない。ガイドブックによると、ヴァーシャーロシュナメーニのツーリストインフォメーションは頼りになり、英語の話せるタクシードライバーの手配が可能と書いてある。よし、まずはインフォメーションだと頼みに行くと、ここで英語が通じなくてまさかの事態。外に出て、どなたか英語でヘルプミーと叫んでみたけど誰も見つからなくて、よし、なんとかするから待ってなさいよと出て行ったおばさんが連れて来てくれたのは、中国人だった。その女性と軽く「ニーハオ」と交わしたあと、先が続かなくて笑ってしまった。いろいろあるなぁ。おもしろいなぁ。

結局ブダペストの知り合いに電話をして、ハンガリー語で用件を伝えてもらい、インフォメーションのお姉さんがあちこちに電話してくれた結果、無事に明日の10時にここで会いましょうとなった。わ～い、わ～い、明日が楽しみだ。お騒がせして失礼しましたと外に出るとさっきの中国の女性が待っていて、腕をつかんでどこかへ案内したそうな気配。ついて行くと中国製の服やバッグを売る店で、さっきはお役に立てなくてすまなかったわねぇ、みたいな様子でお茶とお菓子を出してくれた。日本人が珍しいのか、中国人じゃないのが不思議なのか、家族8人ぐらいに囲まれて見つめられながらお茶をいただいた。

翌朝10時にインフォメーションへ行った。ピカピカの黒い車が止まっていて、ウィンドウのところに「Vip Travel」と小さな旗がある。ヒールを履いたにこやかな女性にグッドモーニングと声をかけられ、もしやと思うと案の定。今日のガイドの方で、その後ろにドライバーの男性が控えていて、早朝と言うか夜中にブダペストを出て、10時に間に合うように来たとのこと。

すでにお疲れじゃないですか？　とか、料金はいかほどで？　と質問がよぎったけど、飲み込んでおまかせすることにした。テーマはベレグ刺しゅうと伝え、行きたい村、ターイハーズや刺しゅうが買えるらしきちょっとした場所をガイドブックから拾い、あとは聞き込みをしながら探そうとなった。インフォメーションからは、国から刺しゅう名人の賞をもらった人がいるから訪ねて行くといいと教えてもらった。

車を止めては食料品店や郵便局で、出会った人に「刺しゅうをする人を知りませんか?」と聞きながら、行ったのは4つの村で、ターコーシュ、チャロダ、ベレグダローツ、チェンガー。ベレグダローツのシュクタさんという方が受賞歴のある名人で、素晴らしい作品をたくさん見せてもらった。そのときお腹がグーグーとなり、なにせレストランもパン屋もなくて、3人とも食料品店で買ったパンとハムをちょっとかじっただけだったから。シュクタさんはそれは大変とばかりにスープとパン、旦那さんは自家製のお酒をごちそうしてくれた。他の村でもちょこちょことご縁をいただき、シュクタさんにはよく食べる日本人と記憶され、今でもときどき遊びに行かせてもらうが、お昼をはさむようにしている。

ベレグのあとはデブレツェン、メズゥークヴェシュド、ホロークー、ベシュプレーム、ケチケメート、カロチャも再度行ったし、ハラシーレースも見に行った。刺しゅうをする人に会い、刺しゅうにまつわる展示をたくさん、たくさん見て、刺しゅうの本を書きたいと心から思いながらペーチに向かった。ペーチの知人宅ではいつも緊張がほどけてふにゃふにゃになりがちなのを、もうひと声とばかりにバラニャエリアの刺しゅうを見に行き、先生と呼んでいるエヴァさんに会って、ハンガリー刺しゅうのサンプラーを刺して欲しいとお願いした。

2泊お世話になったあと、クロアチアのザグレブで早めの夏休み！　のはずが、暑すぎて日中はホテルで昼寝、夕方からシーフード三昧をしたように思う。あまり覚えていない。プリトヴィツェで滝の水しぶきを浴び、マイナスイオンに包まれて涼しい2日間を過ごしたあと、ザグレブで蚤の市、〆は民族博物館に行き、パリ経由で帰国。2ヶ月間の調べる旅は無事に終わり、疲れたけれどそれはホッとした心地好いしんどさだった。ハンガリー刺しゅうのおかげで小さくなっていたチャルカのロウソクの灯が明るくなった。

※1＝こちらのサイトは現在は情報が更新されていない。地方の美術館や小さな展示室は、年中開いているとは限らないし、時間も変更されるので、最新を確かめたほうがいい。

きのこパーネックとさくらんぼリヒター

チェコの知人パーネックはいくつかの顔を持っている。元サーキットレーサーで車の運転がうまい。さぞかし飛ばすのだろうと心配しつつ、車に乗せてもらうと拍子抜けするほど安全運転の優良ドライバーだった。きのこ名人でもある。きのこの見分けは難しく、命に関わることなので、採るのも食べるのも自由だけど、販売は有資格者でないとできない。ちゃんと資格を持っていて、きのこ専門誌に何度も取材されているし、愛犬とともに新聞に紹介されたこともある。

パーネックにレモンやカリンのフルーツティーを煎れてもらうと、酸っぱさと甘さのバランスが絶妙。それに森のどこにルバーブがあるかを知っていて、初夏に行くと野生のルバーブの絶品タルトを焼いてくれる。春はさくらんぼケーキ、夏はブルーベリーケーキ、秋はきのこのスープ、冬はリンゴのケーキ。今までいろんなものをご馳走になったけど、どれもこれも美味しかった。少々細かくて口うるさいところがあるので、まわりの人からおばさんみたいと言われているけど、パーネックは堂々たるお腹のおじさんだ。これ以上体重が増えたら心筋梗塞になりかねないと病院で言われ、食事記録をつけて気をつけている。

パーネックは週末になると車いっぱいに荷物を積み込み、彼女と2人で蚤の市に売りに行く。ガラスのおきものやボタン、レプリカのブローチ、写真やぬいぐるみなどを並べていて、もちろん自分が採ってきて干したきのこも。ブローチよりきのこの話のほうに熱が入る。間に電話がかかってきたらもう一度最初から。ちょっと、面倒くさい。

この前に市で見かけたときは、黒々としたボブっぽいカツラを頭にのせていて、驚いてみせるとすっごく満足げだった。暑いからとすぐにとってしまい、いつもの少ないヘアースタイルに戻っては、顔見知りが来るとまたカツラをのせてを繰り返すパーネック。こう言うお茶目なところが大好きだ。横にいる彼女も、息子も、息子の彼女も飽きているのか相手にしないから、4人分のリアクションをして喜ばせてあげる。知ってる人が近づいてきたらカツラを差し出してあげた。

きれいなもの、可愛いものが好きなところも気が合う。パーネックはチェコ語、私は英語。あと、いい加減な英語を話すパーネックの友人と愛犬のメンバーで、車であちこちに連れて行ってもらったこともある。アンティークのネックレスをたくさん持っている人に会い行ったり、小さな鳥や花のガラスのブローチを持っている人や、クマのおきものの人のところにも行った。

どっこい、簡単に連れて行ってくれるわけではない。私がいつも泊まっているホテルは高いだけで良くないからと、彼の知っている宿に泊まる。お昼前に迎えに来てくれて、知人の店で一緒にコーヒーとビールを飲み、そこに彼女がやって来て食事もし、うまいうまいとたくさん食べるとご満悦な顔。彼女は仕事に戻り、残りのメンバーで腹ごなしに湖へ行って犬とたわむれ、ようやくネックレスの人の家へ行くかと思いきや、パーネックの病院の予約時間で恐いドクターに会いに行くからついて来いと言う。その間にいい加減な英語友人が、ちょっとゲームをしてくると姿を消し、パーネックの診察が終わっても友人帰って来ず、電話に出ずで、ゲームセンターを探しまわるはめに。3軒目の店で儲かったお札をひらひらさせている友人を発見。すかさずパーネックが何枚かを抜き取った。借金返済らしい。おやつのケーキを食べたそうな2人を睨んで、こんどこそネックレスの人の家に行こうよと、先に車に乗り込む。待ちわびて退屈そうな愛犬（湖で泳いでビチャビチャ）を膝に乗せて出発。やっと辿り着いたネックレスさんはお留守だった。行くって電話したんじゃなかったの？　みんな、自由だ。イライラしたほうが損をする。門からはみ出しているさくらんぼを一枝折り、来たよの印に差して帰った。この日はこれで時間切れ、ゲームオーバーとなる。ヤレヤレ。

さくらんぼの木がある家のネックレスさんはリヒターと言う。もともとは蚤の市に古物を売りに行っていたけどリタイアし、今はお小遣い稼ぎ程度に知人と売り買いしているおじさん。70歳過ぎの穏やかな方。パーネックのすっぽかし事件のあと、わたしはこのおじさんに懐いてしまった。

事件と言うのは、パーネックの住む町まで出かけていって彼の指定の宿に泊まり、翌朝の8時にピックアップしてもらい、車で1日遠出をする約束をしていたのにすっぽかされたのだ。その日はまずは車で2時間半ほどの町へ行き、数軒の古物屋をはしごする予定だった。出発準備をしてロビーで待つ。8時半になっても来ない。ちょっとぐらい遅れることもあるさと日記を書きながら待ってみる。9時になっても来ないからさすがに変だとなり、ホテルの人に携帯に電話をしてもらった。電源が入っていないとのメッセージで、何回かけてみても同じで繋がらない。これは確信犯のすっぽかしだと思い、落ち着いて考え直すことにした。車を持っていて時間のありそうなおじさん候補2人に電話してみたけど連絡つかず。結局しょんぼりとバスでプラハに帰った。前日から来ていたことを考えると丸1日をふいにしてしまった。

この週末に蚤の市へ行くとパーネックはいなくて、仲間のおっちゃんたちに事情を話すと、大きな仕事になるかもとオーストリアに行っているとのことだった。気の毒だね、と何人かが同情してくれたので、来週でいいから誰かかわりに車を出してくれないかと頼んでみた。もちろんドライバー料金は払う。遠いから嫌だ、ナビを持ってないから無理、誰か行ってあげなよと、なんだかんだと数人で盛り上がっていると、リヒターが現れた。ひさしぶりにみんなの顔を見に来てみただけと言い、プラプラと気軽な様子。やぁやぁ、パーネックの友人の日本人と言われ、やぁやぁ、さくらんぼの家のリヒターと返す。誰かが事の次第を説明すると、カーナビさえなんとかなれば行かないこともない、と言い出した。リヒターの携帯にマッピー（チェコ語のグーグルマップみたいなもの）を入れて、バッテリーは車に繋いだら大丈夫だとなり、誰かの仕業であれよあれよとマッピーがダウンロードされた。

週明けの火曜日、約束のバス停前でリヒターを待つが来ない。ドキドキ&ソワソワしていると30分近く遅れてやって来た。車に乗り込んでいざ出発。人柄どおりの穏やかな安全運転で、安心して眠くなる。チェコ語と英語の会話はあまりはずまないけれど、それはそれでのんびり道連れ。麦畑を飽きもせず眺めたり、窓を開けて草の香りを嗅いだりしながらのドライブ。

この日は4軒の店を見てまわった。騒いで時間をかけて行ったわりには、お目当てのアンティークショップはどれもさほど当たりではなかった。こんなものか、そろそろ帰ろう。明日は帰国だ。

リヒターが次はいつチェコに来るのかと聞く。半年後と答えると、次回は俺の家においでと誘ってくれた。探しているものがなんとなくわかったので、見つけたら集めておくからと。たまに日本人の相手をするのもいいかもね、みたいなことを言う。さくらんぼリヒターとは通じ合える気がしていたので、うれしい申し出だ。リヒターは、わたしの説明しづらい好きポイントをわかってくれる心強い協力者となった。その後パーネックにはごめんごめんと何度も謝られ、ビールで乾杯して仲直りしたけど、約束は100%信じないようにしている。

おおらかな消耗品

チャルカがはじめて行ったハンガリーで気に入って大量に買ったもの、それは小学生用のノート。中紙の種類に応じて表紙に罫線、グリッド、五線譜などが印刷してある。表紙全体の色はピンクや水色もあるけど、グレーや紫やワイン色もあり子どもらしくない色で、あとはメーカーのロゴマークがポツンとあるだけ。表紙を見れば中身がわかるとてもシンプルなノート。僕たちのことを使ってねと媚びてくる感じのちっともしない潔いノート。強烈で新鮮だった。

チェコのノートは、表紙について言えばハンガリーほど色もなく線もなく、ぱっとしない薄緑とか水色の厚めの紙に名前を書く箇所に線がひいてあるだけで、品番が隅に目立たぬように書いてあった。

どちらの国のノートも中紙は白くなくてリサイクル感ありあり。印刷はずれているし、紙の綴じ方もまっすぐでないのもある。紙が日焼けして色が変わっていたり、どこに置いたのかわからないけど裏表紙が汚れていたり。内側の紙にはちゃんと書けるのだから問題ないでしょう、と声が聞こえてきそうだった。2000年代はじめ、チェコやハンガリーがEUに加盟するあたりまでのノートは、小さなことは気にしてないゆるい空気を漂わせていたように思う。

安定安心のものづくりの日本から来ているわたしには、文房具店は驚きの宝庫。3本に1本ぐらいの割合でインクの出が悪いボールペン。うさんくさい香りの消えなさそうな消しゴム。鉛筆の絵は版ズレはなはだしい数字で九九が印刷してあるし（カンニングできるやん！）、書けるものには直接値段がボールペンで書いてあるし（書くなら鉛筆にして、ペンは消えないやん！）、クレヨンは箱がへしゃげて折れているのがあるし（新しいのをおろすワクワク感がないやん！）、折り紙の帯が切れてバラバラになっているし（枚数足りなさそうやん！）、日付を押す回転ハンコをまわしてみると西暦のところがもう古かったりと、突っ込み人格が頭をもたげてきてひと通り遊ばせてもらった。目からウロコだった。ここまでどれもこれもとなると、それが当たり前になる。そして消耗品には消耗品ならではの力の入れ具合があるんだと、悟りのような気持ちにもなった。使えたらいいやん、書けたらいいやん、ちょっとぐらいいいやん、わっしょい。文房具からそんな声が聞こえてきた。ほんまやね、それでいいやんと思った。

ノートも好きだが、同じぐらい伝票とチケットが好きで、見つけたら手当り次第に日本に持ち帰っていた。伝票はノート以上につくりがいい加減……イヤイヤ、東欧らしさがあり、昔感が残っている。文房具屋の奥の下のほうとかに積み上げてあったりして、扱われ方自体がぞんざいな気がする。でも伝票たちは、私たちはそんなもんですよ、って顔で淡々と積み上げられている。

領収書や請求書は今でこそノーカーボンだが、昔は要カーボンの3枚綴りが主流で、ミシン目は破りづらいし、ナンバリングの数字が潰れ気味で読めないし、そもそも全体の綴じが失敗したのか、やり直したホチキスの跡がある。またまた日本と比べてしまうけど、よくこれだけの変化がつけられるものだと感心。そんな統一感のなさがおもしろくて、読めない言語の領収書をあるだけ買い占める。使い道は未定。コラージュ素材やラッピングのあしらいとしてどうぞ、とおすすめしている。

チェコの伝票メーカーの倉庫に選びに行ったことがある。ものすごい量がストックしてあり、在庫管理はアバウトだろうなと感じた。注文をピックアップしている人は前から取り出しているし、できあがったものを運び込んでいる人は前に置いている。ありがちのよくないパターンだ。と言うことは、後ろには長年のデッドストックがあるはず。シメシメ。脚立を借りて後ろに手をまわし、取り出してみるとビンゴ！　表紙が色褪せている。

そうこうしていると英語を話せる人がきて説明してくれた。後ろのは期限切れだと言う。どういうことかと言うと、日付を書く欄が200　となっていて、この一文字空白欄に数字を書き込んで、2008年とか2009年にする。でも今は2010年だからもうアウトだ。使われている紙はアジ紙度満点。印刷は一部活版印刷でアジあり。全体的に今はつくれないアジあり。領収書としてではアジのある紙片の綴りと解釈して、200冊ほどいただいた。変わった日本人だと思ったことだろう。ずいぶんお安くしてくれた。

チケット類も毎回仕入れている。紙片が何十枚と綴じられている入場券、クローク券などで、クローク券は1枚の細長い紙が3枚にちぎれるようになっていて、その3枚に同じ数字が印刷されている。番号は1~100、又は200まで。クロークで荷物を預ける際に使う。3枚のうち1枚を荷物につけ、もう1枚をお客さんに控えとして渡し、残り1枚は予備として置いておく。入場券も細長くて、日付や金額を書く欄がある。例えば蚤の市や小さなイベント。入り口で入場券を買う。係の人にそれを見せたらペリッと破り、これは使用済みの印。チケットをわざわざつくらないで市販の入場券を使うのだ。

こんな使い方だからだろう。メーカーも使えればいいだろうって感じで、気楽につくっていると思う。それでいい。消耗品だからそれでいいのだ。日本も見習おうよ。

コサージュをシーツごとごっそり

ドイツ、特に旧東ドイツ側は蚤の市が盛んで、土曜日は1日に3ヶ所ぐらいはしごをする。午前中に近くて行きやすい市を2ヶ所。午後からは列車で1時間ほど移動した別の町の夜の市へ行く。

夜の蚤の市は年中やっているわけではない。1つの街で月1度の開催。夏はお休みする。ホールが会場になることが多く、屋内なので雨が降っても寒くても大丈夫。入場料が2〜3ユーロする。15時ぐらいからゆるゆるスタート。日の短い時期の夜の遊びというわけだ。けっこうな人出でにぎわっていて、ドイツ人はほんと蚤の市が好きだなと感心する。

よく行く夜の蚤の市は、ライプチヒとリーザ。ドイツの週末はドレスデンにいることが多く、その後に行くとなるとだいたいこの2つの街になる。建物の中で開催される蚤の市は雨が降っても大丈夫。お天気を気にしなくていいし、寒い季節にはありがたい。昼間とはまた違う雰囲気で気持ちが新たになり、またついつい張り切ってしまう。

ドレスデンからリーザまで列車で行き、駅前からタクシーに乗ってスポーツセンターへ。ここがナハトフローマルクト（夜の蚤の市）の会場だ。入り口前の広場には相撲取りの像がある。タクシーの運転手が帰りはどうすると聞いてくる。前に帰りのタクシーがなくて困ったことがあるからちょうどよかった。3時間後に相撲取りの前でと約束をした。

会場に入るとたくさんの人。昼間にひと仕事しているので気持ちに余裕がある。まずはコーヒーを買って、端から順番に見てまわる。照明が足りてなくてちょっと暗い。こういう場所では布ものは要注意。シミやホツレの細かいところが見えにくいから注意しなくては。渋い茶色のボウルが目に入り、いいかもとその店と店主をよく見ると、昼間の市で迷ってやめたものだったりする。場所が変わり、並べ方が変わると違って見える蚤の市マジックだ。

10軒も見ただろうあたりでちょっと先に気になる光景が。目に入ってきたのはクシャクシャの大判の布。白いシーツを広げて座り込み、なにやら整理している様子のお姉さん。一心不乱。地べたにシーツ、机なし。こんなときはどうしようもないガラクタか、運命を感じるほどの大当たりのことがある。近づくと心臓がバクバクとなりだした。それは布の花でできたコサージュの固まりだった。両手を広げてひと抱えするぐらいはある。

まずさらりと拝見。挨拶をしながらリュックをおろし、シーツの前にしゃがみ込んだ。いろんな色の花や葉っぱとタグがからまり、もつれて団子になっている。それだけでもう可愛い。お姉さんは何十個ものコサージュが絡まった大きな固まりをほどきながら1つずつ取り出しているのだ。まるでマジシャンのよう。バラ、ツバキ、ガーベラ、スイトピー、カーネーション、赤い実、想像の花もいっぱい。オーガンジーやチュールのような薄い布のものもあれば、ベルベットやウール、リネン、コットンもある。

触ってもいいかと尋ねるとどうぞとの返事だったので、手に取ってじっくりと見ることに。コットンを糊づけして貼り合わせてつくってあるヒマワリは、真ん中の花芯は黒と白のチェックの布が使ってある。ヒマワリのまん中を表現するにはやっぱりグレンチェックでしょと、つくり手のそんな声が聞こえてくる。スイトピーは何種類かの違う質感の布が使ってあって、グラデーションに染めてあり、本物の花びらの薄いニュアンスがよく伝わってくる。すごーい！　ざっと見た感じでは同じものがいくつもあるのではなくて、せいぜい色違いがある程度で1つ1つが違うもののようだ。花には数字が手描きされたタグがついている。100個以上はありそうだ。帽子屋さんのサンプルだった花と推測した。動揺して息苦しくなるほど気に入った。これ、全部欲しい。

あれこれ考えはじめるわたし。状態はあまり良くなくて、花びらも葉っぱもクシャクシャ。折れていたり破れていたり。シミもいっぱいある。このあたりはマイナスポイント。ブラシとコテをあてて直せるものもあるな。それ誰がするの？　頼む当てある？　なんとかなるっか？　なるなる。これは手に入れるためのいい訳。

もうちょっと見せていただく。絵を描くように、花びら1枚ずつをちゃんと染めている。ペップ（花芯）も染めている。花びらがバラバラになってしまっているのも結構ある。まとめて違う組み合わせでつくり直そうか。それにしてもこの楽しい感じはなに？　もう買うしかないでしょ、わたし。顔を上げるとお姉さんと目が合った。値段を聞いたわけでもないのに「あなたに売るわよ」と言った。

おばあさんが帽子店をしていたこと。その店を畳んだときに、コサージュだけ自分が譲り受けたこと。そのままごっそりしまい込んでいたけど、整理したくなったこと。自分が手づくりするのが好きだったらよかったんだけどね、と。全部まとめてこのぐらいでと、びっくりするほど手ごろな値段を出してくれた。話がまとまってうれしいところだがなんとなくしんみりとしてしまい、本当にいいのかと聞くと、こちらこそありがとうと言われた。

もう少し整理しておくから最後に寄ってちょうだいと言われ、立ち上がる。会場をぶらぶらしながら小さなものを買ったけど、気持ちがもう満たされてしまっていて身が入らない。あのコサージュをどうしようかばかり考えてしまう。ちゃんと直そう。気に入ったものは自分が持っていよう。ときどき眺めてものをつくりたくなる刺激をもらおう。うん、そうしよう。

戻るとお姉さんは3〜4人の女性に囲まれていた。これを独り占めするラッキーな人はあなたなのね。そんな顔で見られているような気がした。わたしはこれが好きだとか、いやいやこっちでしょうとか。このコサージュが似合う帽子は？　ドレスはどんなの？　そんな話をしてみんなで盛り上がった。もうすぐ迎えのタクシーが来るからと、失礼することにする。ほどかれた布の花たちはさっきよりも嵩を増していて、シーツにふんわりとくるまれた。リュックを前向きにかけ、シーツの小山を背中に背負わせてもらった。楽しそうな笑い声に見送られながら、さよならとありがとうを言った。お姉さんは顔の横で小さく手を振った。

ハンガリーで救急車に乗る

週末にどこの蚤の市に行くかは大事な決断。ブダペストには市がいくつかあって、こっちの市は骨董寄りであっちはガラクタ寄りの市と言うようにそれぞれ雰囲気が違う。探しているものやその日の気分でどれに行くかを決める。同じ街に2週末いて、先週、今週と同じ市に行くとあまり代り映えしないことがある。売り手も品の補充が間に合ってなくて、先週迷った末にやめたものをやっぱりと買うことになったりする。じゃあ遠出するか。毎週末やっている市もあれば、月に1回しかない市もあり、月1と日程が合うとせっかくだからと行ってみたくなる。

2時間ぐらいの列車の移動はウエルカム。少々早起きして駅でパンとコーヒーを買って列車に乗るだけ。朝ご飯を食べながらだんだん明るくなっていく外の風景を見ていると目的の駅に着く。遠方の市は心配が1つあって、もしすごく運がついていて大量の欲しいものに出会ったら、それをどうやってブダペストのアパートまで運ぶかということ。大きな空っぽのリュックを背負い、丈夫な袋やキャリーカートを持って行く。それでも階段や列車の乗り降りのちょっとした段差は、自分1人では持ち上げられなくて、誰か手伝ってくださいの視線で周囲を見まわして助けてもらう。重い荷物を1人で運ぶのは大変なのだ。かと言って、目の前に踊りたくなるほどの好きなものがあればあきらめるわけにはいかない。

2010年の10月はハンガリーのブダペストからはじまり、チェコ、ポーランド、ドイツと1ヶ月かけてまわる予定だった。この日は日曜日でハンガリーでの仕入れの最終日。先週行ったブダペストの蚤の市ではなく、街を出てみようと思った。午後からは集めたものを全部梱包して、明日の月曜日の朝一番に運送会社に渡すことになっている。だからがっつりと言うよりは、おもしろいものをちょこっと拾いにぐらいの軽い気持ちで、ケチケメートに行くことにした。

ブダペストから東へ列車で約1時間でケチケメートに着く。駅を下りたら市が立つ場所まではタクシーに乗る。と言うのも市は原っぱみたいなところに広がっていて、バス停なんてないから。タクシーのおじさんにハンガリー語で「バシャール（市）」と言うと、よっしゃーと連れて行ってくれた。帰りは電話してくれたら迎えにくるからと、紙に名前と電話番号を書いてくれたので大事に旅ノートにはさむ。

ケチケメートの市は毎週日曜日に開かれ、野菜や日用品を売る店と、ガラクタや骨董の店がけっこうたくさん並ぶ。土曜日にブダペストのエチェリの市でアクセサリーを買った店のご夫婦に会った。この日は旦那さんは店番、奥さんは市をまわって仕入れをするそうだ。天気の良い日のケチケメートは人出があっていいよと言われた。

重いものはもう買わない、割れものも買わないと決めていたのに、こんなときに限って！　ずっと探していたホロハーザ社のフォーククロアシリーズより、クロスステッチ刺しゅうをモチーフにしたティーセットに出会ってしまった。割れはないかとか、買わなくていい理由を探す。「コンプリート（完璧）」と店主が言う。ティーポット、シュガーポット、ミルクピッチャー、6客のカップ&ソーサーが目立つダメージもなく目の前にあるとなると、それはもう買いだ。ずいぶん前にカフェのディスプレイでこれを見てから、いつか欲しいと思っていたものだもの。お代を払って帰りに寄るからと置いといてもらうことに。これをしっかりと包む紙や布ものを手に入れなくては。刺しゅうやカーテン生地を買い、柄物のシーツも買い、荷物はどんどん増えていく。ジョルナイ社のマグカップやお皿のいいのもある。小さなものをちょこっとって言ってたのは誰のことかと、自分で自分に文句が言いたくなるぐらい。リュックも肩から下げる袋も重い割れものでふくれあがった。タクシードライバーに電話をして迎えに来てもらって駅まで戻る。

　ケチケメートの駅のホームはあっさりとしていて、ホームと線路の間に仕切りがあるわけではなく、列車が入ってくると自分でドアを開けて乗り込む。ブダペスト行きの列車が着き、車両の端にあるドアを開け、3段のステップを上がって乗る人に続いた。先に乗った男性がリュックを持ってくれ、自分は肩から下げている割れものを詰めた大きな袋を抱えるようにしてステップを上がる。それを待っていたかのように列車がゆっくりと動きだしたところで、最後に男性が駆け込むように乗り込んできた。ステップのある車両の連結部分は、わたしと荷物と、それを運んでくれた男性と駆け込み男性で一瞬混雑し、駆け込んできた男性のひじがなぜかうまいことわたしのお腹に入り、よろめいて肩の荷物の重さに引っぱられるようにステップを落ちてしまい、落ちながら「割れもの～念願のホロハザ～」が頭を横切り、それをかばうように自分が下になってホームにころがってしまった。列車は止まり、人が集まってきて、騒ぎになったことに驚いてポカンとしていると、乗客の1人のてきぱきとした方に英語で、頭を打ったようだけど意識はしっかりしているかと尋ねられ、救急車で病院へ行ったほうがいいから呼びますよと言われた。

救急車が来て、たくましい隊員に目とか脈をチェックされ、病院に運ばれた。後頭部の右側がみるみる腫れてきてズッキンと痛く、おおごとだったらどうしようと心細くなってくる。この日は日曜日で、救急当番は精神科の先生で詳しい診察はできないとのこと。レントゲンを撮ってみて、必要なら大きな病院へ行ってもらうと言われた。名前、昨日食べたもの、今日の行動とか明日の予定を聞かれ、頭蓋骨の写真には内出血の固まりが写っているけど大丈夫そうだとの診断だった。このあと気分が悪くなったり吐き気がするようなら、すぐに病院に行くようにと言われて診察は終わった。病院の受付からタクシードライバーさんに電話して事情を説明してもらい、ブダペストまで送ってもらった。

アパートに着き、とにかく休もうと思ったけど、明日の荷物のピックアップやチェコへの移動、頭の状態が気になって不安で落ち着かない。なんなの、このピンチは！　ブダペストの知人に連絡しようかと思ったけど、大丈夫と言われたから大丈夫。とりあえず寝て、明日早起きして発送荷物を梱包し、気をつけながらチェコまで行こう。チェコには心強い友人がいるし、英語ＯＫの病院にもう一度行こうと思った。痛む頭を横にしておやすみなさい。翌朝は淡々とやることをやり、列車でプラハへ行き、いつものアパート、いつものパヴェル（部屋のオーナー）の顔を見ると安心して涙が出た。

日本人の友人に電話をして、外国人がよく行くプラハの病院に一緒に行ってもらった。ハンガリーでもらっておいたレントゲンを見せ、先生の問診を受ける。お見立ては頭はどうもないだろう、後頭部右のお団子ぐらいの腫れは内出血でなかなかひどい状態。硬い頭蓋骨に囲まれているから血が引きにくいけど、３ヶ月もすればましになるとのこと。旅も続けてよしと言われてホッとした。

とたんに元気になる。このあと友人とポーランドへ行く予定を練り、パヴェルにもよかったと言ってもらい、頭が冷えないようにとふわふわの暖かそうな帽子を買った。これを被って残り3週間の旅を予定通り続けて日本に帰った。いつの間には頭の腫れは引き、その跡が5百円玉大のハゲになり、それも時間をかけて治った。10年近く経った今でもたまにちょっぴり痛むことがあり、調子に乗ってやり過ぎてしまう自分をたしなめる機会にしている。

か、そんな感じかしら。この日は3〜4軒の店をまわる予定で、マルティンが前もって開いているかを調べてくれていた。ナビに住所を入れ、パヴェルの車を借りて出発。マルティンは英語が話せるので、片言の英語同士でちょうど良い。

どうしてるのかと聞いてみた。プラハは住みにくいので、郊外の小さな町にあるおじいちゃんの古い家を直しながら彼女と住んでいるそうだ。仕事はマッサージ師、なるほどヒーリング音楽がかかっているわけだ。スタジオを借りているけど、家やオフィスなどに出向くこともあるそうだ。今日は夜の予約だから大丈夫らしい。

マルティン、大学生ぐらいだと思っていたのに、27歳。いつのまにそんなに大きくなったの？　マッサージのスタジオだって。彼女と住んでるんだって。抹茶ラテは甘いから今は好きじゃないそうだ。「マルティン、若く見えるね」と言うと「アイ　ノウ」と言った。よく気がつくし優しいし力持ち。アンティークショップではさりげなく「好きそうなものがあっちにあるよ」と教えてくれる。車のトランクからエアキャップとダンボール箱を出してきて包むのを手伝い、次に行く店を確認し、お昼ご飯はそのあとにしようと時間配分。お腹が空いているならこれでも食べてと、自宅の庭から採ってきたトマトを差し出す。有能なマネージャーのようなマルティン！　なんて立派に育ってくれたの！　以来、プラハにいる間に1回は彼と車で遠出して雑貨探しをする。

パヴェルの息子のマルティン

今やプラハはヴィンテージ雑貨や古本の激戦区。だから最近は遠出をする。地方のまだ行ったことのない店に大きなあたりがあることを期待して、車で出発。

と言ってもわたしは運転ができない。アパートのオーナーのパヴェルに、車を持っていて1日つき合ってくれる人はいないかと相談したら、マルティンがいいんじゃないかと言い出した。それは誰かと聞くと「若いほうの息子のマルティン、知ってるだろう？」との返事。前はときどき家の中で見かけ、中高生ぐらいだったと思う。パヴェルが飲みに出かけて家にいないときにwi-fiを繋いでくれたり、エアキャップを差し入れたりしてくれたことがある。抹茶ラテが好きで、前はおみやげに持ってきてと言われたものだ。そう言えば最近見かけないな。

約束の朝にマルティン登場。ひさしぶりの彼はもう子どもじゃない。大学生ぐらいに見えるけど、自由な時間があるってことはフリーのデザイナーとか、IT関係と

第5章

再び耕す

ものを売る意味を自分に問う

ドイツのオーガニックとエコ

リサイクル率世界№1のドイツ。住宅の前には分別用のカラフルなゴミ箱がズラリと並んでいる。リサイクルできる紙、できない紙くずや残飯、プラスチック、瓶と他にも細かく分かれている。街中にはリユースと寄付のための服を入れるコンテナがある。スーパーの入り口にはペットボトルやガラス瓶の回収コーナーがあり、みなさんガチャガチャとビール瓶なんかを入れて返金してもらっている。ダンボールは商品を出したそばから折り畳まれてカートに積み上げられる。蚤の市で買った雑貨を日本へ送るのに丈夫なバナナの空箱が欲しいのだけど、これがなかなかもらえない。だって、リサイクルにまわすといい小銭になるから。ちなみにペットボトルは1本0・25ユーロぐらい。リサイクルと言うか、買ったときに0・25ユーロのデポジット（保証金）を支払い、ボトルを返却すれば返金される仕組みになっている。ドイツでペットボトルのミネラルウオーターを買ったら、500㎖で180円近くしていて高い～と思うかもしれないけど、デポジット代が30～40円ぐらい含まれていると思えばそう驚く値段でもない。

ホテルの部屋に空っぽになったペットボトルをおいて出かけたとする。旅行者としては片づけて欲しいけど、帰ってくると、机の上にそのままおかれている。次の日は、仕分けしやすいようにとゴミ箱に入れずに横において出かけた。やっぱり机の上に戻されている。3日、4日と経ち、ペットボトルが5本になっても、ゴミ箱の横には5本が並んでいた。客が自分でスーパーに持って行って返金してもらうつもりかもしれないので、勝手なことはできないのだ。余裕があればまとめて最終日にスーパーに持ち込んで、換金してチョコレートを買ったりしている。

スーパーマーケット好きなので買いつけの合間に何度も行く。特に好きなのはオーガニックやビオ系のお店で、本気で見ていたら1〜2時間は遊んでしまう。入り口近くには野菜や果物が並んでいて、日本のようにいちいちトレイが付いていたりパックされていない。積み上がっている中から欲しいもの、買いたい量を自分でとる。えんどう豆なら実の入り方を吟味したり、アプリコットなら熟れ具合をチェックしながら袋へ。パンも自分で選んで紙袋へ。ナッツやドライフルーツやオートミールは、スコップで掬って紙袋へ。

卵を選んでいる人がいて驚いた。1個ずつ見て選び、持参したシリコン製の卵入れに欲しい数を入れている。3個でもいいの？　いいんです。卵入れを持っていなければ横に置いてある紙パックを使う。卵にはアルファベットと数字が印字されている。その数字をサイトで調べて生産国と生産者が特定できるし、屋外飼い、屋内飼い、ゲージ飼いなど、卵を産む鶏の飼育環境や餌の情報が公開されている。なんてオープン。広々スペースの平飼いで本来の餌を食べて育つ鶏の卵はもちろん高い。1個1ユーロ近くする。家族4人分のオムレツをこの卵でつくるなんて、なかなかの贅沢。でも卵の質を選べることがいいと思う。

ドイツの卵の印字システムに気づいてから興味がわき、日本の卵はどうなんだろうと気にかけるようになった。なんとか菌対策とかビタミン入りではなくて、卵を産む鶏の生育環境や餌について知りたい。ゆったりとした平飼いで、外にも出してもらえて草や虫なんかも突っついて、足りない餌はできるだけ近辺の自然のものを食べて育つ鶏が産む卵、日本では1個100円ぐらいで売っている。黄身がレモン色というか白っぽくて、食べてみると卵臭さがなくてとても素直な味。
実家で飼ってた鶏が産んだ卵も、チェコの田舎の知人宅で、最高のご馳走だよと出してくれたゆで卵もこんな味だった。卵を産みはじめたばかりの鶏はまだ慣れていないので、鶏小屋ではなくて庭のあちこちに卵を産み落とす、それを宝探しみたいに探すのが子どものころのお手伝いだった。卵を産まなくなった鶏をおばあちゃんがどうしていたかとか、父が卵を箱に入れて温めてふ化させ、生まれたふわふわのひよこが育つのを見ていたこととか、いろいろなことを思い出した。

はりきってエコバッグを持ってスーパーに行っても、旅先のことなので調理ができなくて、リンゴやバナナを買うぐらい。トマトとコールラビはたまに買う。チーズやサラミなんかも買う。切ったり剝いたりして朝ご飯やおやつ、軽めの夕飯にする。アーミーナイフは旅の必需品。ビクトリノックスのものを愛用している。はじめてのヨーロッパ周遊バックパックの旅の目的の1つが、スイスでアーミーナイフを買って名前を入れることだった。このときのナイフはわたしの数少ない旅の必需品で、もうお守り化している。

ハーブティーやワイン、日持ちのするドイツのパンやペースト、スパイスなどを帰国後のお楽しみとして買っている。そうそう、この間の旅では塩にはまった。チェコのスーパーで塩を見ていると、ヨード入り塩というのがあり、普通の塩よりこっちがおすすめみたいに前面に並んでいた。ドイツでも同じ扱いで、塩はヨード入りでしょうみたいな印象を受けた。ヨード（ヨウ素）は積極的に摂らないと不足しがちな栄養素なのかもしれない。ヨウ素と言えば海藻、昆布なので、日本ではそんなに意識しなくても口にしている。海のものに恵まれた日本を感じた。

タイプライター余話

食器やおきものより道具系が多く、骨董屋とガラクタ屋のあいだぐらいの店を、親愛の意味を込めて古物屋（ふるものや）と呼んでいる。コンピューターの古いのやカメラやアイロンやコード、どこかから撤去してきたようなランプ。昔のあまり特徴のない食器がパラパラ。フライパンや鍋なんかも。トランプカード、何かわからない部品みたいなの。道具ものを中心に雑多な半端ものがいろいろと積み上がっている。そんな中にひょっこりとブローチや綺麗なレースなどのお宝。そんな店をイメージして欲しい。

さて、プラハ5区のとある古物屋でのこと。店に入ったらまずはご挨拶のクシャミ。埃とタバコの煙がすごい。連続10回ぐらいするものだから、店にいる人たちがこっちをちらっと見て「ナ　ズドラヴィー（健康に）」と言ってくれる。店主はおっちゃん、60歳ぐらい。白黒まだらの長髪、細くて長身、シャツと褪せたジーンズ。お客さんらしからぬ冷やかしおじさん2名。1名は酒臭い。別の方は独特の香りのする巻きたばこを吸っていらっしゃる。テーブルに肘をおいてまったり。しゃべりに来ているような空気。店主はルーペを見ながら何やら修理中。手を止めて、あ～おまえかって顔でチラッと見たかと思うと、すぐに自分の作業に戻った。ラジオを直しているらしい。

背負っていたリュックを下してぐるりと見る。10坪ほどの店内は半年前とあまり変わっていないような。ここの店主は放っておいてくれるので、自分のペースで古物屋の空気を味わうことができる。おまけみたいな小さなクシャミをすると、小さなグラスが差し出された。なにやら度数の高そうなお酒が入っている。お酒のおっちゃんは腰に左手をあて、右手でミニグラスを持って「ナ　ズドラヴィー」と言った。いただきます、とクッと呑み干しながら、前もそうだったなと思い出す。

時間が止まっているかのような店内をひとまわりすると、店主がいるカウンターにタイプライターがおかれているのに気がついた。アンティークショップによくある黒くてどっしりとした丸い文字盤のではなく、1970年代のレトロ懐かしい雰囲気のものだ。くすんだプラスチックのボディ、四角くて白い文字盤。すぐにでも使えそうで、こんなのがいい。

中学生のころ、どうしても赤いオリベッティーのタイプライターが欲しかった。英語の勉強にはタイプライターがいる、文字を打って覚えると忘れない、先生が言っていた、なんど適当なことを言って親に買ってもらった。勉強じゃなくって、英語の歌詞を打ってみたりして遊んだものだ。見ているとあの感覚を思い出して指がムズムズしてきた。……触ってみたい。……カシャカシャッと打ってみたい。察した店主が顔を上げ、やってみろと紙を差し出してくれた。ラジオはまだ直ってはいない。

タイプライターのお楽しみはちょっとおいといて、なにか気のきいたものはないかしらと物色する。ガラスの花瓶に突っ込まれているレースを広げてみるとやっぱりシミだらけ。これは洗っても落ちないと戻す。下から引っぱりだした陶器の壷はひびが入っていて、形よし模様よしなのにもったいないと思いつつ戻す。ぶら下がっていたバッグは金具が錆びているし、額縁は釘が抜けかかっていて、どちらも戻す。グラスを2脚とガラスのおきもの1点はいただくことにして、いよいよ見せていただきますか。

お待たせしました、タイプライター殿。いつか本当に気に入ったデザインでちゃんと動く方に出会えたら、大切に日本にお連れしたいと思っております。大阪で東欧雑貨のお店を営むチャルカと申します。ご機嫌いかがですか?

紙をセットして文字盤を叩いてみる。ガシャン、ガシャン、ガッシャン。たくましい手応えにうれしくなる。名前だったり日付だったりデタラメチェコ語だったり、打ってみる。文字の薄い箇所はなさそうだ。改行レバーもOK。問題なく使える。お値段も大丈夫な範囲。ついに出会った愛しのタイプライター。ところでインクリボンはどうやって替える？ リボンは今でも手に入るのかしら？

気がつけばおっちゃん3人に囲まれていた。おい、カバーを外してみろ、と店主。どうやって外すのだろう？ どこかに説明書があったはずだと探すけど見つからなくて、みんなでいろいろ試してみる。無理にはずしたらカバーが割れてしまうから、そっと持ち上げてみるとか、どこかにネジがあるんじゃないかとか。おじさんたちは目を輝かせて交替であっちゃこっちを触っている。ネットで検索すれば一発で取説が出てきそうだが、おじさんたちはそんなことはしない。手に負えないとなると知人に電話する。「あ〜その〜、日本人がタイプライターを買おうとしているんだが、インクリボンの交換の仕方がわからなくてね」みたいなことを言っているふう。

こんなシンプルな造りのもの、扱いが難しいわけがないと思い、記憶を頼りにカバー全体を持ち上げるとカッパって感じで外れて中がむき出しになった。おお、そんな全体的に取外すものだったのかと、みんなが頷く。よかったなぁ、おまえやるなぁと乾杯。店主はラジオに目をやり、ニヤニヤしながらルーペを差し出した。そんなん無理無理、ラジオなんて直せません。店主の知り合いのバザールにインクリボンの替えがあることがわかり、帰りに受け取りに寄った。タイプライターは手荷物で日本に持ち帰った。

半年後の旅でこの店に寄り、待ってたとばかりに店主が差し出した冊子。タイプライターの説明書で、なんと、隅っこにはprinted in Japanの文字。日本のメーカーが輸出用につくっていたものと思われる。おかえりなさい。

ライバルはeBay

バザール、アンティーク、ヴェテスニクトヴィー、ザスタヴァールナ、セカーチ、ナービテック、アンティクヴァリアート。これらはチェコで古い雑貨を探すときにのぞくお店の種類（店の名前じゃありません）。

バザールはリサイクルショップみたいなもので、家から出てくる不要品や処分品がメインでなんでもかんでもごちゃごちゃとある。持ち込んでこられた箱のままとか、調味料入れなら中味の入ったまま、布ものは洗いやアイロンなし。値段は書いてなくて店主に尋ねる。レジまわりのカウンターには食べかけのリンゴが転がっている。

アンティークは骨董品で、ちゃんといいもの、手入れされたものが雰囲気を出すように並べられている。小さなおきものから大きな家具やドアや絵まで、その店の規模で扱う。布ものはあまりダメージのないものに限られていて、洗ってアイロンをあてて積んである。店主のセレクト傾向やカラーのはっきりとした店が多い。商品のどこかに小さな値札がついている。テーブルやカウンターには花瓶がおかれ、たっぷりの花がいけてある。

ヴェテスニクトヴィーはアンティークとバザールの間のイメージで、食器、道具、文房具、飾るものと種類ごとにおおまかに分けて並べてあり、布ものはざっくりと揃えて積んである。ウィンドウがあれば季節の飾りをしたり、お客さんを意識したディスプレイコーナーもある。骨董品でございます的な雰囲気のものはあまりない。値段はだいたい書いてあるけど、ついていないものも取れてしまっているのもある。カウンターのガラス瓶には家の庭から切ってきた花が一輪飾られている。

ザスタヴァルナは貴金属や携帯やパソコン、セカーチはセカンドハンドの洋服やシーツやカーテン、ナービテックは家具。これらの店は扱うものがほぼ決まっているので、中古の携帯が欲しいならザスタヴァールナ、古着はセカーチ、中古のベッドならナービテック、古本ならアンティクヴァリアートへ行くこととなる。

よく行くのはヴェテスニクトヴィー。中にはアンティークショップなみに整った店もあるけど、探しがいがあるのはバザール寄りのゆるめのお店。雑貨を選びに来ているわたしが言うのもなんだけど、ポツリと綺麗に並べられて「ホラホラ、いいものあるよ」と主張されるとつまらない。適度に散らかっているほうが発掘感があって楽しい。店にある商品は持ち込んだ人から買い取ったものがほとんどだが、一部、年代物の調度品や高価なアクセサリーなどは預かりの場合もある。委託品の値段は持ち主が決め、売れたら店は手数料をもらう。何年も続いているような古い店の店主はたいていお若くはなくて、おじいちゃんおばあちゃん世代に近いお年の方が多い。陶器の人形のおきものに値段がついていないので尋ねると、ひっくり返して底のマークを見ようとして、ちょっと待ってねメガネメガネとなる。

「ああ、これは1960年代に流行ったデザインだから」のあと、手ごろな値段が続くのが今までのパターンだった。ところが最近よくあるのが、「ちょっと待ってね。調べるから」と店主はパソコンに向かう。キーワードを入れて検索し、「eBayでいくらだから同じ値段で」と、びっくりの高い値段を言われることがある。ふ〜ん、と思い、人形の下敷きになっていた絵本を指してもう一度値段を聞いてみた。再びパソコンに向かい、カシャカシャとやって、またもや結構な金額をおっしゃる。えーーーって顔のわたしに画面を見せてほらねと言う。確かにeBayではそうかもしれない。でも言いたい。オークションサイトに上がっている本はもっと状態が良くて、国内なら送料込み。サイトの手数料も入っているし、写真を撮ったり説明を書く手間もかかっている。あくまでも参考価格のハズなのに、表紙の破れかけた本を手に店主はeBay価格から動かない。では結構です、と店を出て行こうとすると、風船から空気が抜けるみたいに店主は弱気になり、いくらなら買うのか言ってみてと、値段を下げてくる。

こういうすっきりとしない売り買いは好きじゃない。売り手には気持ち良く手放してもらって、こちらも気持ち良く手に入れたい。ネットでそんないい値段で本当に売れるのだろうか？

チェコでのこと、ガラスボタンシートを箱一杯持っていると言う人から連絡をもらい、見に行く約束をした。以前にその人のお父さんからボタンを買ったことがあって、あれはなかなかいいお買いものだった。今回は息子さんが登場で、もっと価値のある１００年前のいいものとの前振り。

興味を示したアンティークディーラーの知人も同行すると言い出し、一緒に自宅を訪ねてさっそく箱の中味を見せてもらった。同じデザインでも色違いとサイズ違いのサンプルボタンが50個ぐらいずつ台紙に縫いつけてあり、さらに数シート単位で本のように綴じてあって、それが7〜8冊あったと思う。箱がカビ臭くて嫌な予感がした。開けると台紙はカビとシミだらけでかろうじてくっついているぐらい。ボタンは黒がメインで、オーロラ加工（表面がオーロラみたいに虹色に見える）されていて、注意深く見るとオーロラ色にちょいちょいヒビが入っている。だいぶ古いボタンとわかったけど、これは難しいジャンルで、もっとわかりやすいデザインや明るい色のだったらよかったのだが、飛びついて手に入れたくなるほどは惹かれなかった。ちなみにと値段を聞くと、息子さんはアメリカドルでと前置きし、紙に1000と書いた。あら、意外とお手ごろなのねと気持ちがゆるんだのは一瞬のこと、あと1つゼロが書かれた。1万ドル、つまり100万円越えとなり、ボタンの値段としては初めて聞く超高価格。彼はパソコンを持ってきてeBayの自分のページを立ち上げ、ほらここに載ってるだろと、見せてくれた。確かに1万ドル、でも売れてないじゃない。知人はなにか言いたそうな顔をしていたけど、話に入ってこなかった。

これは3年ぐらい前のできごとだけど、今だに会うと話の合間に、あれを買う気はないかとはさんでくる。実はチェコ内のオークションサイトで見つけたものらしく、アメリカ人に売れるとあてこんで買ったもののはや数年が過ぎ……。eBayで高く売れるとか、アメリカにはボタンコレクターがいるとか、いろんな噂を聞きつけて、夢を見ちゃった息子さん。アメリカにもイギリスにも日本にもボタンコレクターはいるし、確かに値打ちもののボタンだったかもしれないが、1万ドルはやり過ぎたね。この間会ったときに、バラ売りしたら買う気はあるかと尋ねられた。オーロラ系は3シートもあれば十分で、そんなにたくさんはいらないと返事した。

こちらはドイツでのこと、古い布ものをたくさん持っていらっしゃるおばさんの倉庫へ行って、ヴィンテージのプリント生地はないかと、積み上がっている箱をかたっぱしから開けて一緒に探したことがある。ある1箱を開けたときにおばさん大興奮。「こんなところにあったのね。ネットにのせたリネンがごっそり行方不明で、どこにおいたのか探していたのー」との発言に、売れたときはどうしたのかと尋ねたら、1枚も売れたことがないから問題ないとおっしゃった。屋外の蚤の市はもう売りに行きたくなくて、未使用のきれいなキッチンリネンならネットで売れると聞き、ドイツのeBayに苦労して載せてみたものの売れていないそうだ。特に高いわけでもないのになんでだと思う？ と聞かれ、サイトを見せてもらった。そしたら似たようなリネンが出て来るわ来るわで、販売実績のある人やレビューいっぱいの人もいて、あげっぱなし放置のおばさんからわざわざ買うほどの理由がないのだと思った。ネットで売るなら、もっとコレクタブルなものや特徴のあるものがいいと思う、と返事した。

そうねとなり、せっかく発掘したリネンだけど、欲しかったら持って行っていいと言われ、お安くしてくれたのでごっそりと譲ってもらった。おばさんはそのリネンをネットから削除していた。

ハンガリーのレースをたくさん持っている方にも同じような話があって、彼女も高く売れるらしいと小さなレースを何枚も何枚もネットにあげて2年間は辛抱強く待っていたと思う。店のレジ横に数冊のファイルがあり、そこにネット用のレースを整理していた。見せてもらったけど、別にこれでなくてもいいと思うようなのばかり。つい2ヶ月前にその店に行ったら、ファイルごとそのまま売り場に置いていた。

チェコやドイツの古物屋で、カタログを調べるようにオークションサイトで値段を調べる場面にあい、それに引っぱられて値段を上げたり下げたり、一喜一憂しているベテラン店主の様子を不甲斐なく思うことがある。筋の通った頑固さや、その人ならではの目利きが古いものを扱う店の魅力でもあるのに、と。

ドイツでも、チェコでも、ハンガリーでも、ここ何年間で好きだったアンティークショップやガラクタ屋が数軒閉店した。旅の間に立ち寄って、欲しいものがあればいただくし、なければ世間話を少し。国は違っても同業者的な親しみを込めて迎えてくれて、わたしはちゃんと店があることに安心させてもらい、「お互いに元気でよかったね」みたいな繋がり方だった。

古いものを扱う店が減っていくのは、オークションサイトの浸透だけが理由じゃなくて、求められ方、売れ方、そもそも求められるものが変化している。そこは上手にちょっとだけ取り入れて、なんだったら無視して、人間くささ溢れる個性的な店主でいて欲しい。価値のわかるやつには売るけど、わからないやつには売らないなんて、こんなわがままが以前はよくあった。仕事だったらダメなはずが、それを越えるなにかでもって相手を納得させてしまうぐらいの魅力溢れる店として、生き残って存在し続けて欲しい。

わたしの旅、1人の時間

雑貨を探す旅は1人で行く。春から初夏にかけてとクリスマス前の年に2回のペース。ドイツ、チェコは必ず行き、ハンガリーもたいてい行き、あとはルーマニア。ポーランド、クロアチアあたりまで行くこともあるけど、こちらはちょっと様子を見に立ち寄る程度。1回の旅は3〜4週間。週末の蚤の市に3回は行きたいので、どうしてもこれぐらいになる。

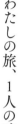

お花見に間に合うように帰ってこよう、とか、ゴールデンウィークが明けたら行こう。そんな具合にだいたいの時期を想定しておいて、他の仕事との兼ね合いで決める。旅の1ヶ月前ぐらいに航空券を買い、見たい市や会いたい人がいればその都合を聞いたり調べたりして予定を決める。行ってみたい市が旅の日程から外れていたり、訪ねようと思っていた人が休暇で留守の場合は、わりとあっさりとあきらめて次回にする。

行くと決めた街や、混んでいて宿がとりにくい街は宿をとるけど、それ以外はとらないで現地で移動しながらのこともある。ブダペストはたいてい1週間ほどの連泊で、場所は地下鉄のアストリア駅界隈が便利で気に入っている。郵便局が近くて洗濯機がある部屋を選ぶ。プラハは長年お世話になっている知人のアパートの1部屋を借りる。集めたものの置き場にもするので、自分がいてもいなくてもいいぐらいの感じで10日間ほど借りっ放しにする。お天気が良ければ週末はドイツの蚤の市に行ってくるわ~となるし、雨ならドイツはやめてプラハでのんびりするか、どこか屋内の蚤の市はないかしらと探す。ドイツで良い出会いがあればそのままググッと3日ほど攻めて、週明けにプラハに帰ってくる。ボタンのコレクター氏と連絡がつけば、ひさしぶりに訪ねるかもしれない。日本から前もってメールを送っておいても返事が来なくて、現地に着いてから電話をして繋がれば会いに行く人もいる。こんなふうだから旅の予定はざっくり派、あとはそのときの成り行きや気分、直感、運にまかせる。

大事にしているのは自分のモチベーション、ここに来ている意味。これをいい状態に保つのが買いつけの秘訣だと思う。気持ちが下がっていると好きなものを引き寄せられないし、あっても見えてないし気づかない。もうちょっとやもう1つに手が届かなかったり、後ろに置き去りにしてしまったりとロクなことがない。どんよりとした天気が続くと気持ちも影響を受けてしまうし、長旅の体力的なしんどさもある。そこに仕入れのハズレが続くと小さなことをきっかけに、気持ちがどんどんと下向きになってしまう。ダメダメ、一人旅だから下がったら自分で上がってこなくてはいけない。だから間にささやかな楽しみを散りばめておく。

節約旅なので、シャワーのみバスタブなしの宿が多く、特に冬は風呂好きにはつらい。温かいお風呂にふやけるぐらい浸かってボーッとする時間が欲しくなる。安宿やアパートの合間に2日ほどちょっといいホテルに泊まって疲れをリセットする。よく行く街にお気に入りのホテルがあると最高。わたしの場合、例えばドレスデンのシュタイゲンベルガー。ホテルの規模もロケーションもベッドの寝心地もスタッフの対応も好き。ヒルトンやシェラトンよりシュタイゲンベルガーが落ち着く。

ここに泊まるときは早起きしなくてもいい平日にする。豪華な朝ご飯をゆっくり食べるのが楽しみで、胃袋がもう1つあったらどんなにいいか。この前泊まったときに、ライ麦の堅焼きクラッカーにスクランブルエッグをのせて食べている人がいて、真似をしたらズバり好きな味。今まで何種類も並んでいるパンを制覇することに夢中で、クラッカーが目に入っていなかった。クラッカーと言っても四角じゃない。ペキッと割られた不揃いなピースが立派な丸缶に入っていて、日本に持って帰って味覚の合う友人と一緒に食べたいと思い、サービスの方に分けてもらえないかと聞いてみた。なんとドイツではなくてスウェーデンの小さなメーカーのもので、昔ながらのレシピで手づくりをしていて、ホテル向けの限定品でお店では手に入らないものだとか。ストックがないので今日は譲れないけど、次回予約のときにリクエストすれば用意しておくと言われた。やったー。次の旅のお楽しみを1つキープした。

ドイツで会えなかったアンティークディーラーとやっと連絡がとれ、今回は留守中で会えなかったけど次回は一緒にビジネストリップをしようと言われてその気になり、2つ目のキープ。プラハの好きな店『コンダクター』でプルドバーガーを食べること。田舎に住む知人に次回は自家採取の蜂蜜をあげるからおいでと言われたこと。プラハの最終日に、アパート近くのサルデーニャ料理専門店で、サラミとチーズを摘みながらワインをだらだらと飲むこと。ハンガリーで何種類もの蜂蜜を買うこと。トカイで家族経営の小さなワインセラーを訪ね、つくり手から直接ワインを選ぶこと。そんなことがちょこちょことあって、それはきっとわたしが買いつけの旅がいやにならないように、新鮮な気持ちを保てるようにと、どこかの誰かがお楽しみを散りばめてくれているのだと思っている。まんまと策にはまるのもいいと思っている。

プラハのアパートの近くに古物屋があって、男性2人でされている店でもう20年近く通っている。淡々としたおじさんたちで、行くとにこにこするわけでもなく、チラッと見ておまえかって顔をする。たまに、元気かとか、大阪の店はどうだと聞かれるぐらい。わたしの好みをなんとなく承知してくれていて、奥からビールラベルの束を出してきてポイッと置いたりする。たくさん買っても、買わなくても、何も言わなくても、いつもきっちりおまけしてくれる。チラッ、ポイッ、フンッと素っ気ない。店は整っているわけではないけど、かと言ってなんでも置いてるふうではなく、きっとおじさんたちのこだわりがあったのだろう。それがここ数年で、前はなかった古本が積み上がり、古着が目にはいるようになった。

2018年5月に行ったのが最後となる。閉店セールをしていて、わたしの顔を見ると「この時期いつも来るからたぶんと思って……」と、袋をいくつか見せてくれた。マッチラベル、ドリンクラベル、誰かのコレクションのチョコレートの包み紙、水シールや古切手、ほかにもいろいろ、奥にまだこんなにあったんだと思った。欲しいと言うと全部でいくらの閉店価格になり、バナナ箱を出してきて2人がかりできっちりと梱包し、お客さんがひくのを待って近くの郵便局まで運んでくれた。バナナ箱2つ分、これでしばらくチャルカは古い紙ものに困らないだろう。「何年やっていたの?」と聞くと、確か30年ぐらいって言っていたように思う。「That's life. Bye bye.」と言って店に帰って行った。

好きな店がなくなるのはとても寂しい。知り合いと言うほどの近い距離でもなく、でも年に2、3回は顔をあわせ、おじさんたちの髪に白いものが混じりはじめたのを見てきた20年間だったので、プラハの小さな休憩場所がなくなってしまったように感じる。

留守中の日本のことも気がかり。旅の間のチャルカは信頼できるスタッフに預けている。家のこととなると一人暮らしで、うちにはわがままなお嬢さん猫（ななこと言います）がいるうえに、ベランダで野菜やハーブを育てている。こっちはご近所の友人たちやそのご両親に面倒をみてもらってなんとかしていただいている。一人暮らしで留守が多いなら、動物と一緒に住んだり、植物を育てたりするのはあきらめたほうが自分も周囲も気が楽だろうに、とよくわかっている。けれど、ななこがくれる小さなキラキラやふわふわはもう手放せなくて、これは大切な日常。植物の水やりや育っていく様子を見ること、料理の前に新鮮なハーブを摘めること、育ったルッコラを友人に自慢しながら食べてもらうこと、自然に育ったものと売っているものの違いを知ることなども手放したくない日々のこと。両親や妹弟たちにも目に見えないところで支えてもらい、好きにさせてもらっている。定期的な習いごとや、春のお花見や秋の紅葉など、旅を優先してあきらめていることも少しあるけど、おおむね楽しく納得し、感謝の気持ちでこのペースを保っている。旅先での1人の時間は、普段に何気なくしていることを思い返す機会でもあり、考えや気持ちを整理する時間でもある。

ものを買いに行く目的の旅が嫌になった時期がある。ものはもの、あってもなくてもいいもの、必要でないもの。そんなふうに考え出すと必要でない仕事をしているような気がしてしまった。ハンガリーの刺しゅうが知られるようになったのはいいことだけど、暮らしを乱すような巻き込み方は良くないし、一時のブームではなく、そこからハンガリーにも興味を持ってもらえたらいいのにと、なんだかいろいろ思ってしまってこんがらがってしまった。

チャルカを一緒につくった相方の藤山が尾道に引っ越し、長年一緒に働いてくれたスタッフたちの身辺にも変化があり、2013年の秋、大阪北堀江にあった店を一旦閉じた。ほどなく自宅のある谷町六丁目という場所で、少し形を変えて再スタートをした。名前はチャルカのままだけど、気持ち的にはチャルカのお姉さんのような店になったらいいなと、現在に至っている。そして相変わらず年2回のペースの旅が続いている。

ら片づけも掃除もしなくていい。食事のたびに美味しいご飯が出てきてすぐに食べ過ぎてしまう。ここにいたらどんどん太っていく。折れそうなぐらい細っこい腕を見て、そうでもないのにと思いながら聞いておいた。

次に会ったベティは長男出産直後で、無理矢理履いてるジーンズの腰元からお肉がはみだしていた。赤ちゃんのいるお母さんは自分のことなんて構っていられなくて、ベティもそんなところ。家族みんなで「アババ〜、アババ〜」と赤ちゃんをあやし（日本のいないいないばあみたいな感じ）、完全に赤ちゃんが一家を仕切っていた。

その次に会ったベティは次男を出産していて、もうひとまわり育っていた。お嬢さん時代の面影はうっすらで、すっかりたくましい母親。相変わらずちゃきちゃきだけど、座ったり立ったりは“よっこいしょ”。

前から思っていたのだけど、東欧のお嬢さんはスタイルがよくて可愛らしい。それがお母さんになると急に腰まわりに肉がついてどっしりとした体形に。お嬢さんかおばさんかのどちらかで、日本みたいにその間がない。

カーロイ一家はなぜか男性陣がみんな細い。近所に住むシャーリーの妹たちもやってくると、部屋の中は温度が上がり、完全に女性たちのものになる。カーロイさんと長男カルロスは、経営している食料品店の店番をしに行ったり、石油を買い隣町までと出かける。わたしはもちろん女性チームに入って、おやつのドーナツを一緒につくった。

お嬢さんがお母さんになると

ルーマニア、シク村のカーロイ一家長男の嫁、ベティちゃん。早口で英語を話し、質問をしながら自分で答えるような彼女、家族みんなから可愛がられていた。ご飯を食べると途中でもういらな〜いと残すし、お母さんが蜂蜜たっぷりのレモンティーを煎れてくれると、コーヒーがよかったのにと言う。ちょっぴりわがまま、小柄なスレンダー美人さんで、みんなの真ん中にベティがいる。飾ってある結婚式の大きな写真、ウエディングドレス姿のベティは新郎の肩に留る妖精のようだった。

カーロイ家のお母さん、シャーリーのご飯は美味しくて、よく食べるわたしにベティが尋ねる。「そんなに食べても太らないの？」「毎日これだけ食べてるわけじゃないし、旅先では動いているからいいの」とわたし。彼女は体重が増えないようにかなり気をつけていると言う。ちゃきちゃき明るいベティの告白はこうだった。みんな優しくて、ベティ、ベティって甘やかしてくれるか

第6章

旅の続け方

好きを探す

チェコの糸ボタンの話、伝統が生き残るのは大変

これは、100年の歴史がある糸ボタンをつくっているチェコのある会社の歩みとチャレンジの話。

小さなアルミの輪っかに綿の糸をぐるぐると巻きつけた「糸ボタン」。元々の用途はシーツ、枕カバー、パジャマなど寝具まわりのものにつける。あたっても痛くないようにとボタンの脚がなくてペタンコにつくられている。洗濯もできるし、30色の色バリエーションがあり、サイズも豊富。シャツやカーディガンなどお洋服にもつけられて実用的。色違いサイズ違いが何個か並べば、丸くてコロコロとそれだけでもう可愛い。チャルカの大のお気に入り商品で、チェコの会社に注文してつくってもらっている。

100年近い歴史のある会社で、昔ながらの糸ボタンを変わらず今もつくり続けている。この会社とチャルカのつきあいは15年近くなり、その間に伝統と村の産業を背負った会社

のアップとダウン、苦労や工夫を見守ってきた。すごく関心させられたり、よくも悪くも驚かされたり、急な変更や納期の遅れには文句を言いたかったりと数々あるけど、最終的にはボタンの可愛さに負けて受け入れてきた。どうしても直接確かめたいことや、会って相談したほうがいいと思えば訪ねて行くことにしている。つい最近は大事な話があるから来て欲しいと言われ、買いつけのタイミングに合わせて2018年11月に訪問。チャルカも関わるこれから先の相談をしてきたところだ。

糸ボタンの会社は、プラハから約180キロ東へ行った山あいの小さな町、ヤブロネー・ナド・オルリチーにある。19世紀の終わりに、ドイツの教会関係者の指導でドーセットボタン（※1）をつくるようになったのがはじまり。農民の冬の作業や職人の合間仕事として根づいたそうだ。機械を使うわけではなく、家でできる内職のような作業だった。

20世紀になってヨーロッパ内の需要が高まり、手作業でつくっていては追いつかなくなる。1924年、アントニーン・スレシンガー氏が糸ボタンの作業所をつくり、シンガーミシンを取り入れた。第二次世界大戦中は生産ストップ、続く共産主義時代に国営化されたのち、1991年に新しいオーナーのもとで会社『アントニーン・スレシンガー』として再スタートをきった。

糸ボタンのつくり方は2通りあって、1つは全て手作業。輪っかに刺しゅうをするように糸を巻きつけ、糸の色を変えたり、巻きつけ方の変化で模様が生まれる。ドイツやオーストリア、チロル地方などの山愛好家たちの間で着られる特別な洋服につけられる、オールハンドメイドの手間のかかったボタンだ。

もう1つは改造したミシンを使用する。アルミニウムのリングをミシンの円盤にセットし、ペダルを踏むと円盤が回転、上糸と下糸がリングに巻きつく。次のミシンでリングの内側に巻きついている糸とは違う方向にステッチを入れ、糸が動かないようにする。最後に糸を切って内側に入れて始末する。上糸と下糸を違う色にし、2色が混ざったように見えるデザインにしたり、糸止めの内側のステッチの色も変えられる。サイズも10パターン以上あり、組み合わせていろいろつくれるのがボタンの魅力になっている。リングに丸い布をプレスしてから糸を巻きつけて厚みやボリューム感を出す方法もあり、このデザインも人気がある。

リングを1つずつセットしてミシンを踏んでいるし、使用する糸をボビンに巻き取るところから数えると何工程かあり、簡単なようでなかなか手間のかかる仕事。ミシンを使うけれど手作業に近い。作業部屋には、右から左へと工程順に、糸巻き機や動きの違うミシンが並んでいる。10人ほどの女性が背中を向けて並び、ラジオを聞きながら仕事中。ダダダー、ダダダーとミシンを踏む音が響き、1日中これをするとなると、忍耐力のいる作業だと思った。

チェコに通いはじめてまだ間もないころ、現行品で扱いたい商品はないかとアンテナを張っていた。手芸屋で見つけた糸ボタンから辿って『アントニーン・スレシンガー』に行き着く。連絡をしてみたところ英語が通じなくてチェコ語の返事がきた。カタログを送ってもらって、これ欲しい、何個みたいな簡単なやり取りからスタートする。1色1サイズにつき1000個の最低発注数が決まっていて、できれば色違いサイズ違いが欲しいところなのに、同じもので1000個頼まないといけなくて、なかなかきびしかった。それでも10種類ぐらいからはじまって、ちょっとずつ増やしていく。当時は日本に直接送る対応もなく、チェコの知り合いに間に入ってもらっていた。

そんな調子で7、8年が経ったころ、確か2013年前後だったと記憶する。糸ボタンの新しいカタログと値段表が届いた。以前のようなりっぱなカタログではなかったけれど見やすくて、英語の案内がある。最低発注数は1色1サイズ100個になり、そのかわり1個の値段を大幅値上げ。小さな注文の対応をしますよ、でも手間がかかるので値上げさせていただきます。海外発送もやることになりましたと、変わろうとしている姿勢がビシビシと伝わってきた。

会社が国営だったころは、売ることや新しい工夫などあまり考えられていなかったと思う。1989年に共産主義が終わり、新しいオーナーのもとで民間の会社になったけれど、大きな変化があったわけではなかったのだろう。なんとなく踏襲していたやり方に無理が見えはじめる。それに、糸ボタンの1番の使い道はベッドリネンで、シーツに何個も使われていたのがジッパーになり、需要が減っていった。なんとかせねばと言うところで、若い経営者とマネージャーが雇われた。

経営者の名前はヤロスラフ。アメリカに経営学を学びに留学した経験があり、マネージャーはイギリス留学。会社のある町と隣り町がふるさとで、都会に住むことよりも田舎に残ることを選ぶ。糸ボタンはチェコの伝統で地元の大切な産業、それを守りたいとの思いもあったそうだ。

新しいカタログや受注の方法は2人が考えたことで、とても今の時代にあっていると思う。チャルカにとっても100個から注文できるメリットは値上げよりも大きく、サイズを増やし、色もグンと増やして行った。荷物が届き箱を開けるたびに大好きな丸いボタンがザクザクと入っていることがうれしい。組み合わせてみたり、使い方のサンプルをつくったりといろいろとやってみた。実際よく売れるようになる。

2015年4月、糸ボタンの作業風景が見てみたくて会社を訪ねることにした。糸ボタンの町、ヤブロネー・ナド・オルリチーは低い山々とオルリチー川があり、すぐそこに自然がいっぱいの地方の町という印象で、イースターも終わったというのに雪が舞っていた。

ヤロスラフとマネージャーは背が高くてがっちりしていて、経営者というより薪割りが似合いそうな人たち。工場全体は時間が止まっているような雰囲気で、使っていないミシンが50台ぐらい仕舞われている部屋は機械のお墓みたいだった。ミシンは1924年にアントニーン・スレシンガー氏が工場をつくった当時のものを今でも使っている。これはシンガーミシンを改造していて、易々とつくれるものではなく、糸ボタンづくりの要。だからミシンは全部宝もので、壊れていても直せば動くし、部品だけでも役に立つからと置いてある。ミシンの面倒をみて約50年のおじさんがいらして、糸を巻きつけるアルミのリングもこの方がつくっている。

2階にある作業部屋には黒光りするミシンが並んでいて、ものすごい勢いで女性たちがボタンをつくっていた。これもおじさんがコツコツと土台のリングをつくり、日々のメンテナンスをしているおかげなんだろう、と思った。隣りのオフィスは明るくて、会社の今の話を聞かせてもらった。

今年になって再びオーナーが代わり、ドイツからサポートを受けているそうだ。と言うのも、昔はドイツでもオーストリアでも糸ボタンがつくられていたけど、2011年にオーストリアの会社が倒産し、チェコのこの会社がヨーロッパ内で唯一になってしまった（※2）。ドイツの高級ベッドリネンの会社などから糸ボタンが必要とされていて、その関係でドイツと協力体制をとることになったそうだ。チェコ国内での需要は減る一方で、外に売ることを考えないと生き残れないから、とも言っていた。従業員の給料も上げるように国から指導があり、あっちもこっちも大変。

でも僕はタフだから、とヤロスラフ氏は言う。シーツ以外の使い方の提案を考えているそうだ。新しい色に変えようとなり、今までの渋いトーンの色を一新してぐっと明るいきれい目の色を増やした。カードに縫いつけて見せ方も意識している。シーツのメーカーに納品する一方、手芸店で見栄えするパッケージを考えたりと試行錯誤中。わたしはそのカードの裏に、糸ボタンの使い方のイラストを入れるようにとアドバイスした。そうすればまだ馴染みがなくて使い方がわからない日本でも売りやすくなる。

町で1番美味しい昼食が食べれるところへ行こう、と連れて行ってもらったのは小学校。子どもたちと一緒に給食を食べ、ついでにガラクタ屋に寄って物色。わたしは壷を2つ、ヤロスラフはギター、マネージャーは娘にと人形を買った。地元の町ってこういうことなんだと思った。午後から再び相談事、そのあと倉庫で在庫ボタンのチェックなどをして夕方にはプラハに戻る列車に乗った。やる気いっぱい、アイデアいっぱいの2人に刺激を受け、糸ボタンの背景も理解できたし、チャルカもたくさん売るぞと思った訪問だった。

順調に行ったり来たりが続き、その間にマネージャーが会社を去り、2018年になって小さな問題がちょくちょく出てきた。夏ぐらいからメールでやりとりをしたあと、あとは顔を見て詰めようと言うことで11月に会ってきた。

自分の意向で自由にできるようにと、ヤロスラフがなんとかがんばって会社を買い取ったこと。その後のゴミだらけの倉庫の整理が大変だったこと。メンテナンスのおじさんが退職し、リングは外部に発注、メンテナンスは自分がしていること。病気や家の事情で作業の女性が次々と辞めて行き、新しい働き手が見つからない人問題。奥さんが会社を手伝うことになり、すっかりファミリービジネスだと。わたしが会ったときはもうずいぶんとサバサバした様子だったけど、「起こったこと全部を話すのがつらいぐらいの時期だった」と言っていた。

「でも、もう大丈夫。僕はタフだから。運もいいほうだから従業員もきっと見つかる」と。今まで以上にじっくりと相談し、2019年から一緒にやることなども決めて帰ってきた。結果としては1種類の発注数を1000個に戻したうえで大きな値上げになる。少ない数量では効率が悪すぎるとか、自宅作業の人は一度に同じものをある程度つくりたいとか。できるとかできないではなくて、人がやりたいかやりたくないかの問題で、人手不足の状況ではこれは難しい。旧体制時代からこの会社にいた人たちが退職する年齢になって去り、若い人はもっと他の働き方を選ぶ。地味な作業の担い手がいなくなりつつある今の時代の問題がチェコの田舎にもある。

ヤロスラフ氏が言っていたけれど、前と比べればひどい状況でも、今を冷静に見れば違うやり方もできるはず。本当にそう思う。クリスマスには力強くて明るいメッセージが届いた。タフな男は格好いい！

※1＝17世紀終わりにイギリスのドーセット州でつくられはじめたボタン。羊の角を丸くくりぬき粗

い綿糸を巻きつけるという手作業でつくられていた。
※2＝オーストリアの会社は2011年に倒産。その後オーナーの女性が小さな工房として再スタートしている。

おみやげ

旅のおみやげはなにがいいかと聞かれたら、わたしならそこの国のとっても美味しい食べもの、と即答する。聞かれなくてもこっちから頼んで、旅先によろしくと連絡を入れておく。こんな調子だから、自分がおみやげを選ぶときは、気合いを入れてのぞむ。おみやげとしてあげる分と、おみやげご飯会用と、自分の美味しいもののストックと、けっこうな量を持ち帰る。飛行機はKLMを利用することが多く、今のところ預ける荷物は23キロを2つ、機内持ち込みは12キロまでOK。だいぶ持って帰れるのだ。

旅先で3～4週間はうろうろとするので、賞味期限を気にかけながらその先々で気に入ったものを買っておく。ドイツならオーガニックやヴィーガン系の健康的で美味しい食べものや、パンに塗るペーストなんかもいいのがある。ライフバーなんてすっごく種類があり、パッケージがかっこいいからついついまとめ買い。クリスマスシーズンならシュトーレン。なんてったってドレスデンはシュトーレン発祥の地、2ヶ月ほど持つし、買わない手はないでしょう。

素朴で力強い味がするドイツパンは、何年もの勉強と修行を積んだ国家資格を持つマイスターたちによってつくられる。旅の最終地がドイツなら、わたしの場合ベルリンになるのだが、帰国前日は何種類ものドイツパンを買いに走ることになる。シンプルな全粒粉の食事パンや、麦やナッツがつぶつぶと入っているあの重いパンが大好きで、パン屋をまわって何種類も集める。留守中の猫の世話をお願いしている犬のドイツパン好きの知人へのおみやげ。食べるのが好きな人や飲食関係の仕事をしている人にぜひ食べてみて欲しくて差し上げるのに。ご近所の食いしんぼう仲間とパンの食べくらべ会をしたくて。パンは500グラムぐらいから、1本1キロを越えるずっしりと重いものもある。ドイツパンは日持ちするし、ふわふわしてなくて固めなのでスーツケースの中でペシャンコになることなんてない。そんなわけで預ける2個のスーツケースの1つは、ほぼパンでいっぱいにして帰る。場合によってはパンのために、旅の最終地をドイツにしたいぐらい。ドイツパンにはハムやチーズがとってもよく合う。ドイツのハム、最高！　だけど、持って帰れないのでこれは断念。念のため、チャルカは雑貨店でパン屋ではありません。

ここ数年、プラハの食べものが美味しくなった。プラハの常宿のある5区のアンデル駅前で金曜日に開かれるファーマーズマーケットは、いい店が集まっていて必ず立ち寄る。野菜が活き活きとしていて、カブやニンジンが葉付きで盛り上がり、いろんな色のツヤツヤとしたトマトが籠に盛られ、ハーブも色濃くたった今摘んできたかのよう。落ち葉がついたままのきのこは苔っぽい湿った匂いがしている。さっと焼くだけでも最高に美味しいだろうと想像してゴックン。うっとりと眺めて写真に収める。

野菜や花はあきらめて、その場で食べられるものや持ち帰れるものを選ぶ。キャロットケーキ、バナナケーキ、キッシュ、サラミやパンはおやつと明日の朝ご飯用に、黒スグリのワイン、蜂蜜ワイン、ジャム系は持って帰るようにともりもり買った。

絶品だったのは鴨肉の薫製。鴨を育てて加工から販売までを全て姉妹でやっているお店があった。試食させてもらったら目をみはる美味しさ。あの人好きそうだとか、一緒に食べたい人の顔とか次々に浮かんだけど、肉は日本に持ち込み禁止。さて、どうしよっかな。迷っていると肉の間にプラムジャムをはさんだのも出してくれたのでいただく。合うね、いいね、と頷いていると、これでどうだとばかりにトリュフ入りが出てきて、遠慮せずにいただいてしまった。これだけ試食させてもらって買わないわけにはいかない。最初の塩とハーブだけのが欲しいと言うと、姉妹はものすごく喜んでくれた。

横から「そこのよく食う姉ちゃん」と呼ばれてサラミが差し出され、一切れいただくと、あら美味しい。どうだ顔の恰幅のいいおじさんはお調子者で、鼻歌まじりに次のサラミを出しながら「マンガリッツァ」と言う。マンガリッツァはハンガリーの有名高級豚で、喜んでいただく。あれもこれも欲しくなるけど、明日からハンガリーなのでサラミはやめて、鴨のテリーヌを切ってもらった。ハンガリーから来てるのよねと尋ねると、プラハではいいものがちゃんと売れるからよく来るとのこと。そう言えば、おじさんのお隣りのお店の瓶詰めチャツネもブダペストの中央市場で人気の品だ。

ハンガリーは大平原の国で農作業に適している。野菜や肉などの材料がいいのだろう、食べものがとっても美味しい。ジャガイモがほっくりとしつつみずみずしくて、牛も豚もあっさりと焼いただけで「うまっ」となる。牛は赤身の煮込み、豚はグリル、ラムも鴨もフォアグラもグリルを食べる機会があればぜひお試しを。

ハンガリーと言えばサラミで、確かに美味しいし賞味期限も長いので日本に持って帰りたいところだけど、肉はダメ。フォアグラは缶詰もあるけど、これもダメね。だからやっぱりレストランやカフェで思いっきり食べて帰ろう。食いしんぼうの旅行者は、ハンガリーでパスタや中華を食べてる間はないと心得よ。

ブダペストでもファーマーズマーケットやオーガニックマーケットがあり、土日の開催になる。週末は蚤の市であちこちへ出かけるのでまだ行けていない。よく行くブダイ・ウルシュの蚤の市には、入り口近くに自家製食料品の店を出している生産者がいて、ここで買いものをする。チーズ農家のおじさんは3時間かけてデブレツェンから来ていて、ここのチーズをいただいて自家製スモークの個性的な香りとしっかりとした歯ごたえを知った。おみやげに、自分用にとたくさんわけていただき、ジップロック2重でスーツケースに入れて持って帰る。かなり臭うので要注意。中央市場にはちゃんと真空パックされたものが売られているので、初心者はそっちのほうがいいかも。ちなみにチーズは10キロまでデューティーフリー。

ここの蚤の市で出会って夢中になったのが「ヴァンドール・シュゼット」という食べもの。テリーヌのような長方形の固まりを売っているおばさんがいて、その固まりに引き寄せられて買い占めることに。ヴァンドール・シュゼットは「旅人のバー、スライス」みたいな意味で、ドライフルーツ、ナッツなどをギュギュッと固めたもの。デーツ、カシス、アプリコット、レーズン、プラム、イチジク、アーモンド、クルミ、パンプキンシード、松の実、レモングラス、ライムなど、覚えているだけでもこれぐらいは使われていた。アプリコットメインの部分はオレンジ色、カシスメインならワイン色、デーツとプラムなら黒っぽい。それが層になっていて見た目も美しく、味はほっぺたがキュッとなるあの美味しさ。砂糖、小麦粉、卵、保存料など無添加で1年以上常温で持つ。さすらう人の栄養保存食、ライフバーの原型、戦国武士の兵糧丸みたいな食べものだ。日本に持ち帰り、1年ちょっとかけて、いろんな機会にいろんな人に食べてもらった。健康的な食べものだし、こんなのあって欲しいとなり、仕入れて売ろうとか、形の悪い果物や採れ過ぎたら破棄されるのを安く買い取って、日本でつくって仕事にしよう、ついてはおばさんに弟子入りしようと盛り上がったけど、今のところお酒の席の話で終わっている。ヴァンドール・シュゼットは1年以上部屋の棚に置きっぱなしだったけどカビがはえることもなく、ちゃんと美味しかった。この間行ったときはおばさんに会えなくて、聞いた話では最近は市に来ていないそうだ。

ハンガリーは蜂蜜も有名で、種類がたくさんあり、テイスティングしながら選ぶのが楽しい。綺麗な味を求めるならやっぱりアカシア。何にでも合うし使いやすい。個性を求めるなら、わたしは胡桃やヒマワリが好き。何種類か持って帰って、人が集まったら味比べをして遊ぶ。プロポリスやピーポレンもお手ごろだけど、あまり買ったことがないのでこちらはわからない。そして色鮮やかで香りよしのパプリカパウダーも忘れずに。簡単なハンガリー料理を供する機会があれば、パン粉に塩こしょうとパプリカパウダー少々を混ぜ、カリフラワーやブロッコリー、マッシュルームをフライにする。あとあと、デザートワインがお好きな方は、トカイアスーもお忘れなく。

日本に帰ったら旅のことを思い出しながら、おみやげを渡す楽しい時間が待っている。「これ、美味しいんです。食べてみてください！」と差し上げる。「ちょっと今いいものあるから食べにおいで」と友だちを誘う。まわりにチーズ好きが多いので、「ハンガリーとオランダのチーズ」と連絡をまわすと、とっておきワインを持って来てくれる。ドイツパンなら、パンに合うお惣菜とビールを持ち寄ってにぎやかな食事会。そしてここぞというときにトカイアスーをあける。「美味しかった。ごちそうさま」の声をもらい、黒スグリのワインも、もったいぶっていた蜂蜜ワインも飲んでしまったころ、チャルカの雑貨も少々品薄になり、次の買いつけはいつにしようかとぼんやりと考えはじめる。

好きを探す

雑貨店のオーナーなら可愛らしいものに囲まれて暮らしているのだろうと思われがちだけど、うちはそんなことはない。古い長屋を改装して住んでいて、白い漆喰に黒い梁の和テイストに布や食器で東欧感を少しだけプラスしていてあっさりめ。1階はほぼキッチンとテーブル。2階はベッドと押し入れと棚があり、棚には古いトランクが数個積んである。トランクは全部茶系の強化ダンボールでできていて、気に入ったのを見つけたときや、箱代わりにいただいたのや、ブダペストの粗大ゴミの日に拾ったものなど、なにかのタイミングや縁で1つずつうちにやってきた。その中には好き過ぎて側においておきたい刺しゅうやレースや織りものが詰まっている。積まれたトランクの見た目は一見すっきりとしているけど、開けると中にはわたしの物欲の世界が詰まっている。

1番小さいトランクには刺しかけの刺しゅうや刺し子のふきん、編みかけのマフラーを入れている。去年の旅の途中、ブダペストですれ違ったおばあちゃんが身につけているのを見てひと目惚れし、その足で手芸店に行った。よく似た毛糸とかぎ針を買い、さっそく編みはじめたものの、一気に仕上げなかったので冬を持ち越してしまった。刺しゅうはハンガリーの知人から刺しかけのをもらったその続き。刺し子はふきんが欲しくてはじめたもののまだ4分の1ぐらい。ほんのたまに開けて、ちょっとだけ刺したり編んだりしてはまた仕舞い込む。気合いを入れず、そのうち出来上がったらいいなと忘れたり思い出したりしている。

2番目に小さいのには、レースやドイリー系の、それはそれは繊細な手仕事ものをふわりと入れてある。極細の糸を極細のかぎ針で編むドイリー、針と糸で模様を仕上げるニードルポイントレースなどが積み重なっている。想像してみて欲しい。ボタンをつけるのに使うような縫い針と糸の細さで模様をつくることのすごさを。根気のないわたしには、人が生み出すとは思えない緻密な作業の結晶のようなレースたち。細い糸できれいに丸く編まれたドイリーを手のひらにのせ、こんな小さなものを編むのにいったい何時間かかったのだろうとか、どんな気持ちでやり遂げるのだろうと思いを巡らす。

真ん中サイズのトランクには刺しゅう。完成度の高い名人作の刺しゅうもあるけど、どちらかと言えば想い優先。ハンガリーの刺しゅうの先生と呼んでいるエヴァさんがつくったのや、おみやげにいただいたもの。下手や上手を越えて、どこかしらに惹かれた出会いもの。つくった人の声が聞こえてきそうなもの。このトランクを1番大切にしている。ときどき開けては眺め、やっぱり素敵と満足したら蓋を閉める。

4番目の中ぐらい大のトランクには、刺しゅうの枕やクッションカバーばかりが入っている。枕は豊かさの象徴で、ハンガリーやルーマニアではお客さんの部屋に積み上げたり、目出たい結婚式やお祭りでお披露目する。その地域ならではのモチーフが刺しゅうしてあるので、ハンガリー刺しゅう好きとして勉強のような気持ちで集めた。半分ぐらいはルーマニアのトランシルヴァニア地方の刺しゅう、イーラーショシュで、農民の手仕事らしい素朴なものがぎゅぎゅっと仕舞われている。

5番目は大判の織りものや、いつか着ようと思っているシンプルめの衣装や、びっしりと刺しゅうがしてある洋服の襟や袖の一部、リメイクしようと貯め込んでいる素材など。これらのほとんどは手編みや手刺しゅうや手織り。こんなふうにうちの家の一角は密度濃く「手のあと」が集まっている。最近は収集ペースが落ち着き、よっぽど好きなのに出会うと手に入れて、でもたまに整理しては手放すようにしてトランクが増えないようにしている。使っているものもあって、織りものはベッドカバーにし、大判のレースは窓辺に飾り、シンプルな麻布はキッチンで。厚手の織りは玄関マット、リメイク用の布は椅子に貼ってもらった。

知人や仕事関係の方から刺しゅうを見たいと頼まれることがあり、家に来ていただければ喜んでお披露目する。トランクを開けて出しはじめると、ほんの数枚のつもりが、あれも見せたい、これも見せたいとなって結局全部広げて刺しゅうを語りだしてしまう。相手の様子を気にかけながら、控えめに話しはじめたはずが、気がつくとすっかり自分のペースで、暑苦しくてごめんなさいとなる。椅子をつくってもらったときも何種類かの候補の生地を並べて、赤多めがいいか黒多めがいいかで悩んでいたら、ルーマニアのシク村で見た赤い花と民族衣装の話にずれていってしまった。椅子の作家さんは仕事なのでうんうんと聞いてくださっていて、飲み干されたコーヒーカップに気づいて「あっ、しまった」となった。

旅先では刺しゅうに限らず、切手やガラスボタン、民族衣装、鉄道模型やドールハウスなどの様々なジャンルのコレクターに会う機会がある。なにかを集めている人と話していると、その人がだんだんと前のめりになってきて早口になり、熱を帯びてくる様子を見守ることになる。自分の興味の対象と重なっていれば共感しながら話を聞く。さほどではないものの場合は、ちょっとしまったと相づち回数を減らして話を変えるタイミングをはかる。自分のことは棚に上げて、コレクターはこれだから面倒だなとおしりをもぞもぞさせる。

でもね、そんな彼らは好きなものを目の前に生き生きとしていて、こっちの反応なんておかまいなし。勝手に盛り上がり、幸せそうで、子どもみたいにうれしそうな顔をしている。それを見ていると、もうちょっとつき合おうかなって気になり、座り直して先を促す。気がつけば「楽しい時間をありがとう」と思っている。

人も巻き込めるほど好きなものがあるなんてうらやましい。どうせならそんな達人コレクターの域に入って、熱をじゃんじゃんと出して、自分もまわりも温かくなれたらいいなと思う。ということで、次の旅でトランクを増やすかもしれない。

り、パソコンでチャルカのHPを開いて、こんなのを探していると説明した。

アンティーククロスを指差して「ママ」と言う。ちょうどそのタイミングで大柄の女性が入ってきた。彼はその女性を指差して再び「ママ」と言ったので、彼のお母さんの登場と理解した。ママも一緒になってチャルカHPをあちこち見ていたかと思うと、車のキーを手に「カモン」と言うのでついて行った。

走ること10分、家に寄って鍵をとってきて、さらに走ること5分のパン屋でコーヒーとお菓子をテイクアウトし、さらに5分で彼女の小さなオフィスに着いた。ボタンやリボンが詰まった箱が出てきて、ごっそり売ってもらった。ホテルまで送ってもらい、別れ際に布もののことを思い出し、聞いてみると「トゥモロウ、カモン」と言う。

翌朝迎えに来てもらい、倉庫に連れて行ってもらった。3時間ほどかけてヴィンテージの生地やキッチンクロスなどいろいろと選ばせてもらい、バナナ箱3つがいっぱいになった。一緒に荷造りをして郵便局へ行き、コーヒーを飲んでホテルまで送ってもらった。

なんなの〜この展開。ヴィンテージクロスはこのごろ探しにくくなっていて、それが、それが、一度にこんなに集まるなんて。あのときパン屋でトイレに行かなければ出会っていなかった4箱。しびれるようなこんな出会いがごくたまにあるから、また来ようって思っちゃうじゃない。

パン屋とママとカモン

2018年11月のドレスデンでのこと。約束していたアンティークディーラーに会えず、2日間の予定がぽっかりと空いた。ネットで見つけた掃除請負会社の事務所兼店に行ってみることに。HPにはけっこうたくさんのアンティークが載っていたけど、実際の店はガランガラン。店番の女性に尋ねると、これで全部との返事。そんなものよね、そうそう簡単にいいものには出会えない。

次の予定もないし、トイレ休憩もかねてお向かいのパン屋に入った。コーヒーを注文し、トイレから出てくると窓越しに掃除会社に男性が入っていったのが見えた。上着を脱いで出てきたと思ったら、パン屋に入ってきたので近寄って聞いてみた。「お宅のHPを見て布やぬいぐるみがあったらいいなと来てみたけどなくて。どこかアンティークショップを知りませんか？」と。わたしは英語、彼はドイツ語、通じたのかどうかわからなかったけど、「カモン」と言うのでついて行った。一緒に店に戻

旅のおわりに描くイメージはジグソーパズルのピース。1ヶ所が凹み、1ヶ所が出っ張っているあの形。凹んでいる部分は過去の旅のどこかにはまり、出っ張りはいつか行くだろう旅でぴったりのピースに出会う。そうやってパズルは少しずつ繋がっていきます。

たぶんわたしは、旅先で見つける楽しさや喜びだけでなく、寂しいとか辛いといった感情も好きなのかもしれません。この先5年分の運を使い果たしたかのようなグッドラックや、1時間前に戻してくれるならなんでも言うことを聞きますと拝みたくなるほどのバッドラック。どちらも過ぎてしまえば1つのピースで、パズルのどこかに収まって、庭の絵の中に咲くコスモスの花びらにでもなっているような気がします。

チャルカをはじめてから20年目に入るタイミングで、この本の話をいただきました。たまたま時期が重なったにすぎませんが、チャルカのパズルがどんな絵なのか、どこまできているのかを見てみたくて、チャレンジさせていただきました。後ろを振り返りながら、今いる足下を確認しながら、それがどこに続いているのかも見渡しながら、文章にしました。ようやくここまで書くことができ、顔をあげて見た絵はさっぱりつかみどころがありません。コスモスなんて咲いていなくて、な〜んだとわからなくなっているところです。

でもがっかりすることはありません。今のチャルカには東欧から探してきた好きなものも、話も溢れるほどギュウギュウと詰まっています。錆びたジョウロに心をときめかせてくれる古物好きが、確かにどこかにいるということも知っています。そして、そんな日本の誰かと、チャルカと、自分が繋がっていることに喜びを覚えています。

東欧との縁や、人とものとの出会い。ひとつずつ取り上げはじめるとわからなくなるほどのなにかによって、チャルカは出来ています。わたしが好きなものを好きと言い続けることができるのは、そんなたくさんのなにかと、みなさまのおかげです。

そしてもうひとつ、20年間雑貨を見続けていて国を問わず思うこと。いろいろな理由で消えてゆくものがあります。効率や手間ひま、技術の伝承の限界、流行り廃りや生活の変化の中に沈んでしまうもの、もうつくれなくなったもの。それは辿るべくしての道かもしれません。たった20年でも驚くほどの変化なので、50年、100年、それ以上の年月の中には一体どれだけのものが生まれ、消えていったことでしょう。

何十年か前に東欧の誰かが彫った木箱の模様に、誰かが織った麻の生地に。誰かが刺した刺しゅうに、誰かが編んだレースに。誰かが書いた心のこもった文字が踊る葉書に、誰かが可愛がったぬいぐるみに。誰かが集めた切手とラベルに、誰かが身につけたブローチに。誰かが修理した跡のある小さな木の椅子に。今より前の時代の人たちがつくって大切にしてきたものに。それらを見たときや触れたときの喜びをプラスして、次の人に託していけたらいいなと思っています。

たくさんのものを手にする暮らしも豊かでにぎやかでしょうし、本当に必要なものだけのシンプルな暮らしも気持ちいいだろうと想像します。大切なのは、自分の感覚で選ぶ、決めるということ。たくさんの良きものや美しきものを見て、触れて、感じる心を育てるために雑貨はあるのかもしれません。

旅好き、古物好きの同志のみなさま、大阪に来られることがありましたら、東欧の国々の雑貨とあれこれが詰まったチャルカに立ち寄ってくださいね。味のある東欧雑貨とオリジナル文房具を並べて、お目にかかれることを楽しみにお待ちしています。

最後に、20年前に一緒にチャルカをつくってくれた藤山なおみに改めて「ありがとう」を。

支えてくれたスタッフやお客さまにも「ありがとう」を言わせてください。

この本を読んでくださったあなたにも「ありがとう」が伝わりますように。

心よりの感謝と愛を込めて

2019年春　チャルカ店主　久保よしみ

久保よしみ（くぼ・よしみ）

兵庫県出身。あちこちを旅する20代、フラワースタイリストを経て東欧輸入雑貨店チャルカを営む。チェコやハンガリーへ行くツアーも企画。東欧雑貨紹介の先駆けとして著書多数。『チャルカの東欧雑貨買いつけ旅日記』『チャルカの旅と雑貨と喫茶のはなし』『チャルカの東欧雑貨買いつけ旅日記2』『ハンガリーのかわいい刺しゅう』（すべて産業編集センター）、『アジ紙　東欧を旅する雑貨店チャルカの、好きで好きで仕方のない紙のはなし』（アノニマスタジオ）など。

わたしの旅ブックス

012

東欧　好きなモノを　追いかけて

2019年5月20日　第1刷発行

著者――久保よしみ（チャルカ）
帯写真――久保よしみ（チャルカ）

ブックデザイン――マツダオフィス
地図――山本祥子（産業編集センター）
DTP――株式会社シナノパブリッシングプレス
編集――福永恵子（産業編集センター）

発行所――株式会社産業編集センター
〒112-0011
東京都文京区千石4-39-17
TEL 03-5395-6133　FAX 03-5395-5320
http://www.shc.co.jp/book

印刷・製本――株式会社シナノパブリッシングプレス

ISBN978-4-86311-227-8 C0026